# 図解
# 相手の気持ちをきちんと〈聞く〉技術

会話が続く、上手なコミュニケーションができる!

平木典子

PHP

# はじめに

〈聞く〉ことは〈話す〉ことより簡単だと思う人が多いかもしれません。聞く側は、自分の話すことを準備したり、表現の仕方を考えたりする必要はなく、相手に気遣いをしたり、葛藤《かっとう》を怖れる必要もないので、相手任せでいられると思いがちです。

ところが、あなたが話す側、自分のことをわかってもらいたい立場になったとき、もし相手が聞き流したり、誤解したりしたらどうでしょうか。

きちんと聞いてくれない人、わかってくれない人は、悪気がなくても困った人になるでしょう。極端に言うと、コンビニでの簡単な買い物もできないし、家族や友人、職場の人々との人間関係も成り立たないでしょう。まして、親密な関係や深い心の通じ合いは望むべくもないことになります。

かつて、『図解 自分の気持ちをきちんと〈伝える〉技術』（二〇〇七年）を出したとき、アサーションという「自分も相手も大切にする自己表現」の考え方と方法を紹介しました。そして、自分を大切にする自己表現とは、自分の思いをきちんと〈伝える〉ことであり、相手を大切にする自己表現とは、相手の思いをきちんと〈聞く〉ことだと述べました。

つまり、コミュニケーションは、話す人と聞く人がいて初めて成り立つのであり、一人ひとりが両方の役割をしっかりとることで、心地よい人間関係がつくられ、安定した社会生活が続いていくことになると考えられます。

ただ前著は、どちらかというと自分が〈話す〉立場、〈伝える〉側になったときのコミュニケーションのあり方を中心に書かれています。そこでは、自分の思いを伝えるとき、非主張的や攻撃的にならず、相手を配慮しながらも思いをどのように表現するのか、といったことに重点が置かれていました。

そこで本書では、相手の話を〈聞く〉立場、〈受けとめる〉側になったときの自己表現について考えることにしました。その意味で、本書は〈聞く〉を中心としたアサーションの本、前著の姉妹編とも言えます。

〈聞く〉ことは、じつは、〈話す〉ことと同じぐらい、あるいはそれ以上に難しいことです。その難しい理由、聞くことの意味、聞くことで開かれる人間関係など、アサーションの新たな地平を探っていただけることを期待して、本書を送り出したいと思います。

本書の完成にあたっては、前著同様、編集の責任をとってくださった菱田美鳥さんをはじめ、大屋紳二さん、齋藤稔さん、富永三紗子さんに多大のご支援をいただきました。記して心より感謝いたします。

二〇一三年九月

平木典子

## 第4章 「聴く」から生まれる適切なひと言



## 第5章 さまざまな立場の人の話を聞く



## 第6章 さまざまなタイプの人の話を聞く

# 第1章

# 上手なコミュニケーションをはかるために

# 1 聞くことは思いのほか難しい

## 相手の気持ちをきちんと受けとめていますか？

私たちが会話をするときには、お互いに自分の思いを言葉や表情、態度などで伝えようとします。しかし、それが相手にどのように伝わるかはさまざまです。

**言葉や態度は正確には伝わらない**

たとえば、「どうしたの？」と声をかけられた人が、「大丈夫」と答えたとします。

この返事は、「心配してくれてありがとう」とも「放っておいてください」とも受けとることができます。

また、そのときうつむいていたら、悲しんでいるとも怒っているとも受けとれるでしょう。

このように、さまざまな受けとめ方があるのは、私たちにはそれぞれの理解の仕方（枠組み）があるからです。

**受けとり方で一八〇度違うことがある**

人は育った環境、時代背景などによってつくられた枠組みで言葉を使い、理解します。

上の例では、「心配してくれてありがとう」と受けとった人は、心配されたときには感謝するものだという枠組みをもっている人かもしれません。

一方、「放っておいてください」ととらえた人は、人に心配をかけたくないのかな、心配されることがうっとうしいのかな、と考えているのかもしれません。

また、うつむいている態度は、自己表現に自信がないとも受けとれます。

あるいは、自分の気持ちを知られたくないため、悲しみ、失望、怒りなどを隠しているとも受けとれます。

## 「大丈夫」に込められた気持ちは？

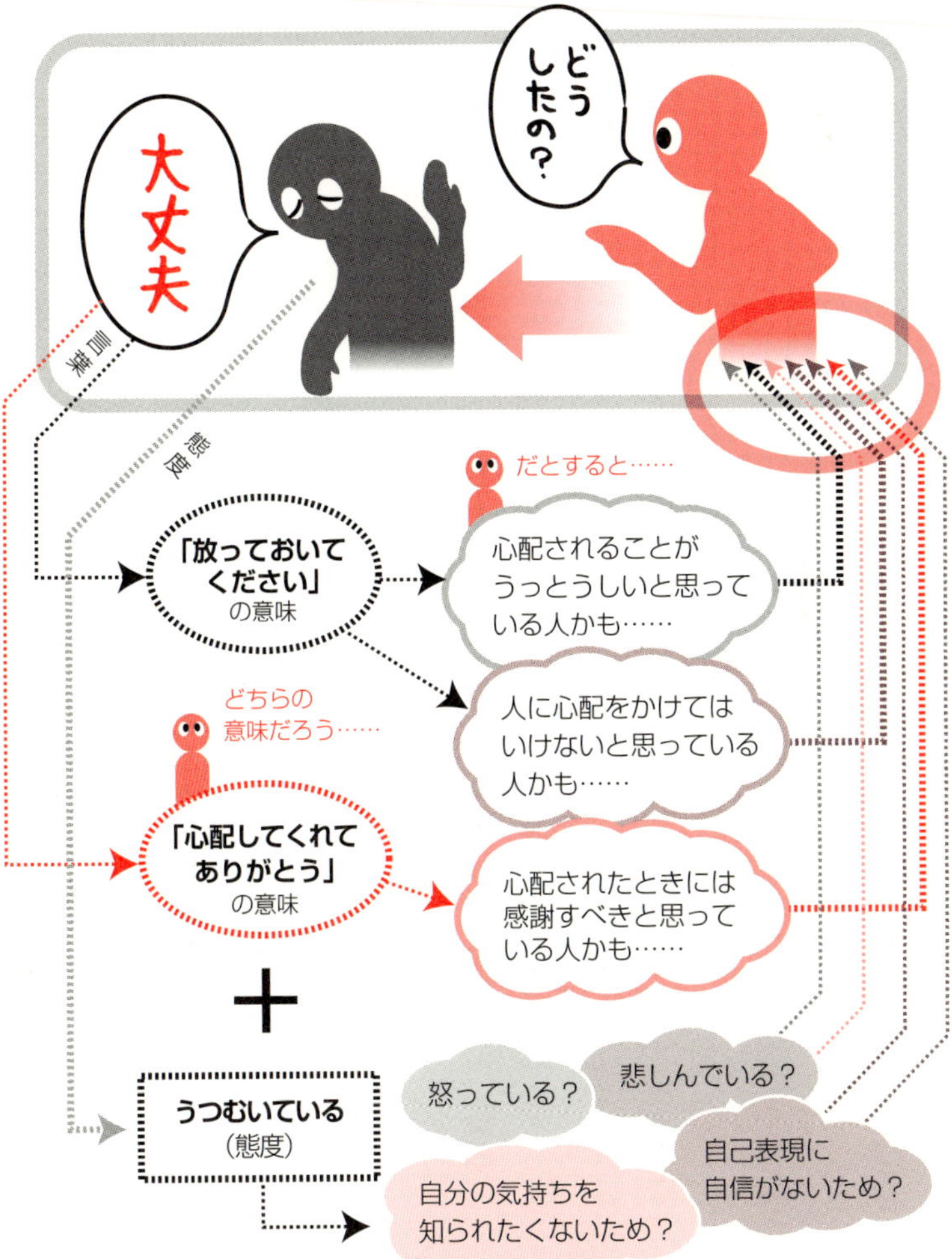

大丈夫
どうしたの？
言葉
態度
だとすると……
「放っておいてください」の意味
心配されることがうっとうしいと思っている人かも……
人に心配をかけてはいけないと思っている人かも……
どちらの意味だろう……
「心配してくれてありがとう」の意味
心配されたときには感謝すべきと思っている人かも……
＋
うつむいている（態度）
怒っている？
悲しんでいる？
自己表現に自信がないため？
自分の気持ちを知られたくないため？


相手にどのように伝わるかはさまざま……

ポイント 私たちにはそれぞれの理解の仕方（枠組み）がある

# 2 あなたはどんな聞き方をしていますか

## ◉相手が伝えたいことを理解するために

自分が伝えたいことは、自分の枠組みで伝えて、その思いどおりに正確に伝わってほしいのですが、相手は相手の枠組みでしか受けとることができません。

### 理解は相手の枠組みにそって

お互いに心のなかは見えず、しかも、お互いの枠組みで語り、理解するのがコミュニケーションの現実です。

だとすれば、お互いの思いを正確に理解し合うために、私たちはとりわけ聞き方に気を配る必要があります。

相手の理解は、できるだけ相手の枠組みにそって行おうと努力すること。

相手の伝えようとしていることを自分の枠組みのなかに入れてしまうのではなく、相手の枠組みにそって理解しようと、相手に耳を傾けます。

相手から「大丈夫」と答えられたときには、どんな調子と態度で言われたかを受けとめて、相手の思いや伝えたいことを理解しようとすることが大切です。

### 自己表現は素直に、正確に

逆に、あなたが「大丈夫」と答えつつ、相手の思いやりに感謝したいときは、「心配してくれてありがとう」とつけ加えると、伝わりやすくなるでしょう。

もし、相手の配慮や言葉かけが重荷になっているときは、もうひと言「一人でなんとかできます。ありがとう」と伝えると、思いが通じるでしょう。

## 相手の伝えたいことは何か

**人は自分なりの「枠組み」で語り、理解する**

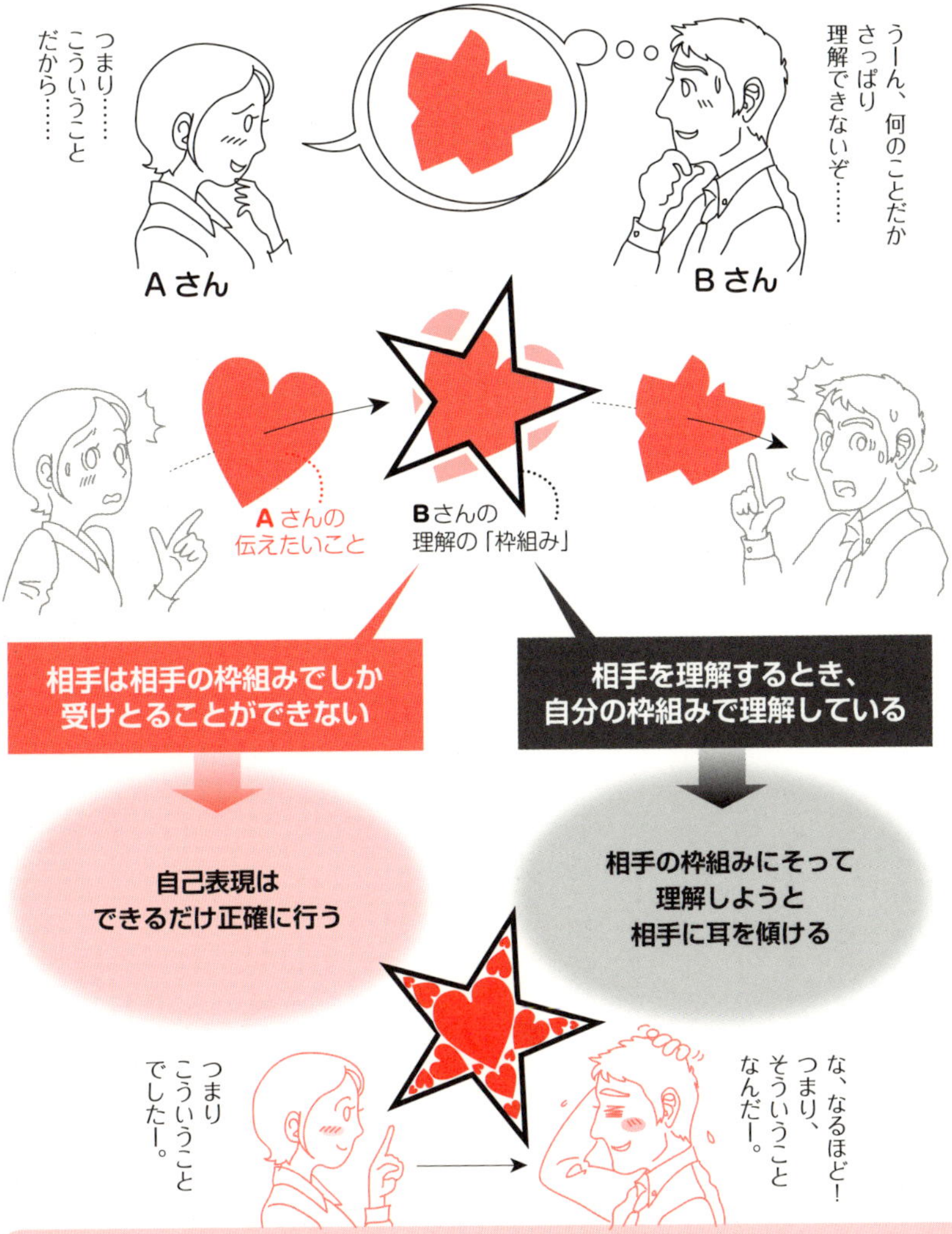
つまり……
こういうこと
だから……
うーん、何のことだか
さっぱり
理解できないぞ……
Aさん
Bさん
Aさんの
伝えたいこと
Bさんの
理解の「枠組み」
相手は相手の枠組みでしか
受けとることができない
相手を理解するとき、
自分の枠組みで理解している
自己表現は
できるだけ正確に行う
相手の枠組みにそって
理解しようと
相手に耳を傾ける
つまり
こういうこと
でしたー。
な、なるほど！
つまり、
そういうこと
なんだー。

ポイント

**相手の枠組みにそって理解しようと、相手に耳を傾ける。**

# 3 「聞く」「聴く」「訊く」の違い

## ◉「聞く」は受け身的で、「聴く」は積極的な態度

「きく」には、「聞く」「聴く」「訊く」の三種類があります。

### 心を込めてきく

「聞く」は、音が耳に入ってくる、聞こえるという意味です。

通常は、音が耳から入ってくれば、どんな音なのかをわかろうとします。言葉であれば、その意味を理解しようとします。

しかし、音や言葉が「右の耳から入ってきて左の耳に抜ける」こともあります。わかろうとしなければそうなるし、わかっても関心がなければそうなります。「右から左」のきき方もできるのが「聞く」なのです。

「聴く」は、相手の感じていること、伝えたいことを理解しようと耳を傾けることです。

「聴」という漢字には「心」という文字が入っています。「聴く」とは心を込めてきくことなのです。

いわば、「聞く」は受動的（受け身的）で、「聴く」は能動的（積極的）です。

### 「聴く」と「訊く」の関係

三つ目の「訊く」は、知りたいこと、質問したいことを尋ねることです。自分がききたいことを「訊く」ので、相手が言いたいことを「聴く」とは、方向が異なります。

「訊く」ことで、相手が話したくても言い出せなかったことが出てくることもあります。ただし、自分の関心だけできいていると、「聴く」がなくなり、追及になります。

三つの「きく」にはこうした関係があります。

## 3種類の「きく」

受け身的

# 「聞く」

音が耳に入ってくる、
聞こえるという意味

# 「聴く」

相手の感じていること、
伝えたいことを理解しようと
耳を傾けること

# 「訊く」

自分が知りたいこと、
質問したいことを
尋ねること

積極的

ポイント

**「聞く」「聴く」「訊く」――**
**その場に応じた「きき方」をしよう。**

# 4 「聴く」ってどんなこと？

## 心を使って相手の心を受けとめる

「聴く」とは、相手の思いを相手の身になって理解しようとすることです。

### 自分の思いは横に置いて

「聴く」は、相手の言うことを耳に入れるだけでも、内容を頭で理解するだけでもありません。

相手が言葉と表情、態度、声の調子などでわかってもらおうとしていることを、相手がわかってもらいたいように理解しようとするのが「聴く」です。

相手の思いを理解するには、耳や目だけではなく、心を使って相手の心を受けとめようとしましょう。

したがって、「聴く」ためには、自分が思っていることはちょっと横に置いて、相手の思いを入れる場所を自分の心のなかにつくりましょう。そこに相手の思いをそのまま受けとろうとします。

これは、「共感する」ことに通じます。共感しながら「聴く」ことが大切なのです。

### 理解したことを伝える

「共感」については後述しますが（第2章の3参照）、大切なのは、その人の立場に立って、どんな思いで、どんなことを理解してもらいたいかをその人の心に寄り添いながら「聴く」こと。

そうすると、うなずいたり相づちを打ったり、「……なのですね」といった短い伝え返しが出てくるでしょう。

それは、相手に対して「聞いている」「受けとめようとしている」ことを知らせる大切なサインです。

## 「聴く」ときの自分と相手の立場

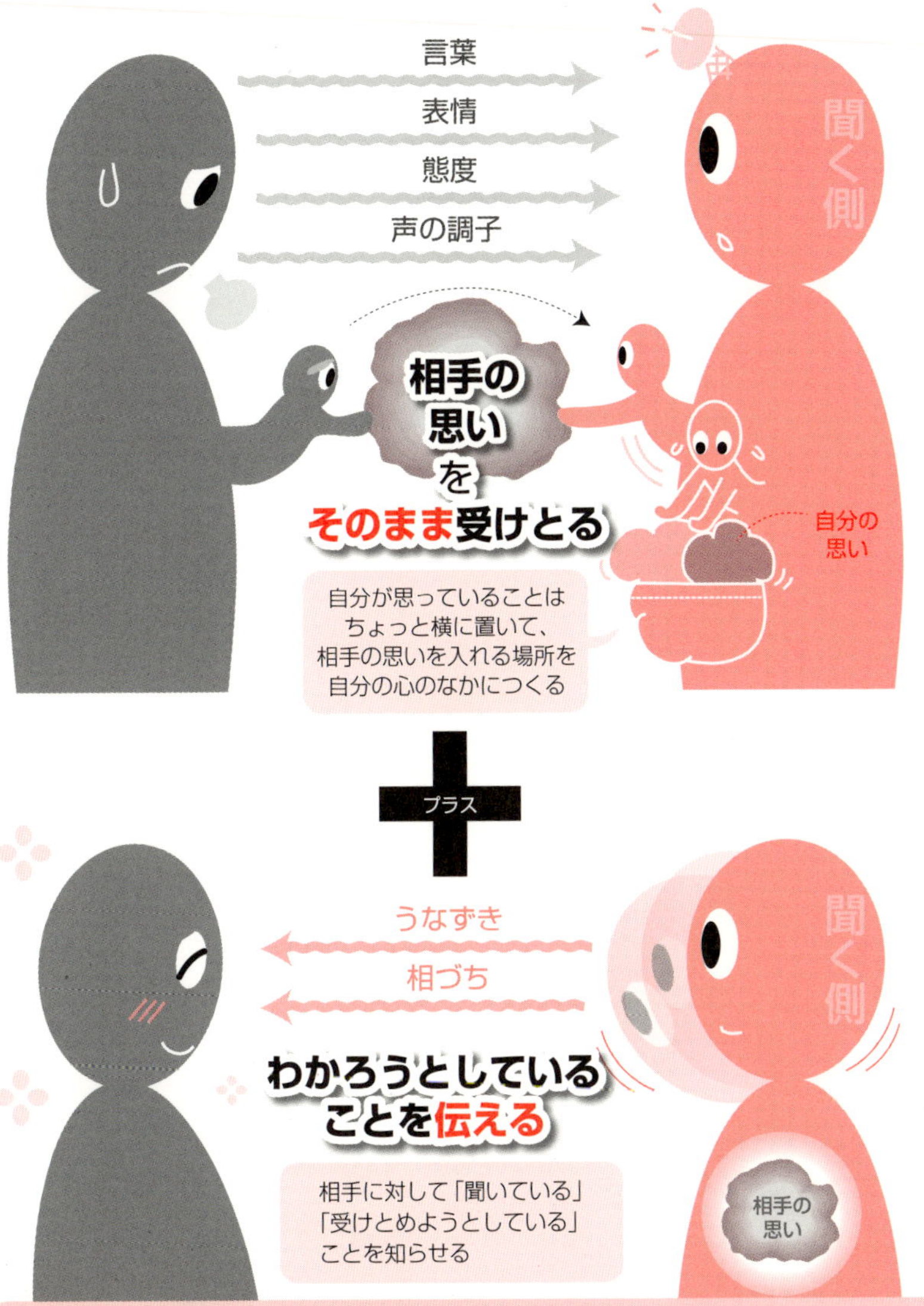
言葉
表情
態度
声の調子
聞く側
相手の思いをそのまま受けとる
自分の思い
自分が思っていることはちょっと横に置いて、相手の思いを入れる場所を自分の心のなかにつくる
プラス
うなずき
相づち
聞く側
わかろうとしていることを伝える
相手に対して「聞いている」「受けとめようとしている」ことを知らせる
相手の思い

ポイント　「聴く」は、相手がわかってもらいたいように理解しようとすること。

# 5 「訊く」ってどんなこと？

## 相手を理解するために質問する

　私たちは相手の話をより深く理解しようとするときに、「それでどうしたの？」「今のはどういう意味？」などと訊きます。

　しかし、自分の関心のあることばかり訊いて、相手の話したいことと一致していないと、相手は「とにかくこの人の訊きたいことに答えよう」となって、自分の話したいことがどこかに行ってしまったり、あきらめたりします。

**知りたいことだけを訊くのは×**

　よくマスコミに対して、「記者は自分の知りたいことばかり訊いて、こちらの言いたいことは訊かない。自分が書きたいことだけをまとめて発表するので、マスコミには話したくない」という声を聞きます。これは知りたいことだけを訊く典型的なケースです。

　会話においても、こうした相手を理解しようとしない訊き方では、相手は思いを話す気力をなくしてしまうでしょう。逆に、聞いてほしいことを質問すれば、どんどんのって話してくれるでしょう。これらの違いは、「聴く」ができているかどうかによります。

**よく訊いてくださいました**

　相手は自分の枠組みで話しているので、聞く側にはわからないことが多くあります。

　また、相手がうまく言葉にできていないこともあるでしょう。

　そのときに、「それはどういうことですか？」と訊くと、「言い忘れていました」ということもあります。すると、「よく訊いてくださいました」となるのです。

## 相手をより深く理解するために

### ●「聴く」ができている訊き方

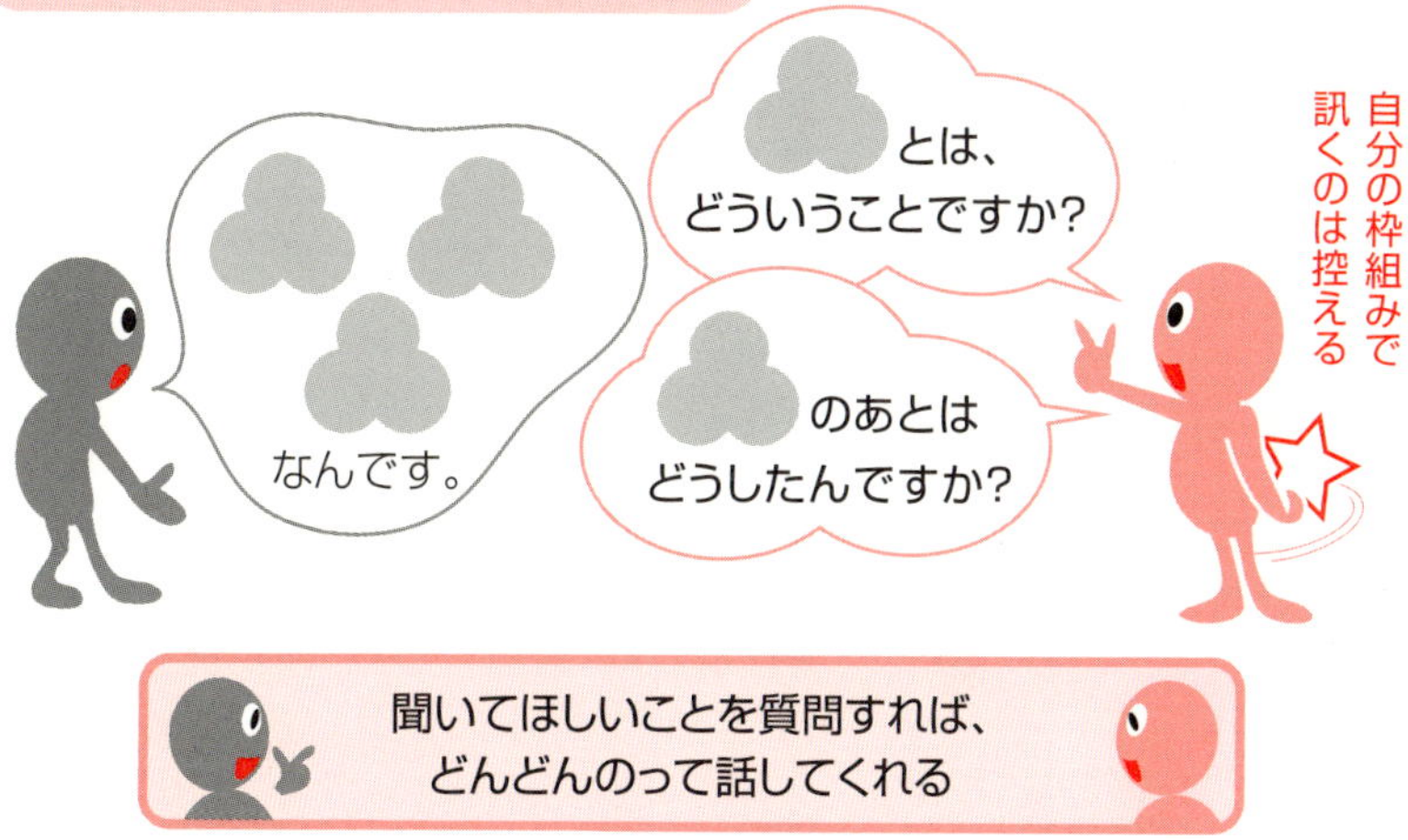
なんです。
とは、
どういうことですか?
のあとは
どうしたんですか?
自分の枠組みで
訊くのは控える
聞いてほしいことを質問すれば、
どんどんのって話してくれる

### ●「聴く」ができていない訊き方

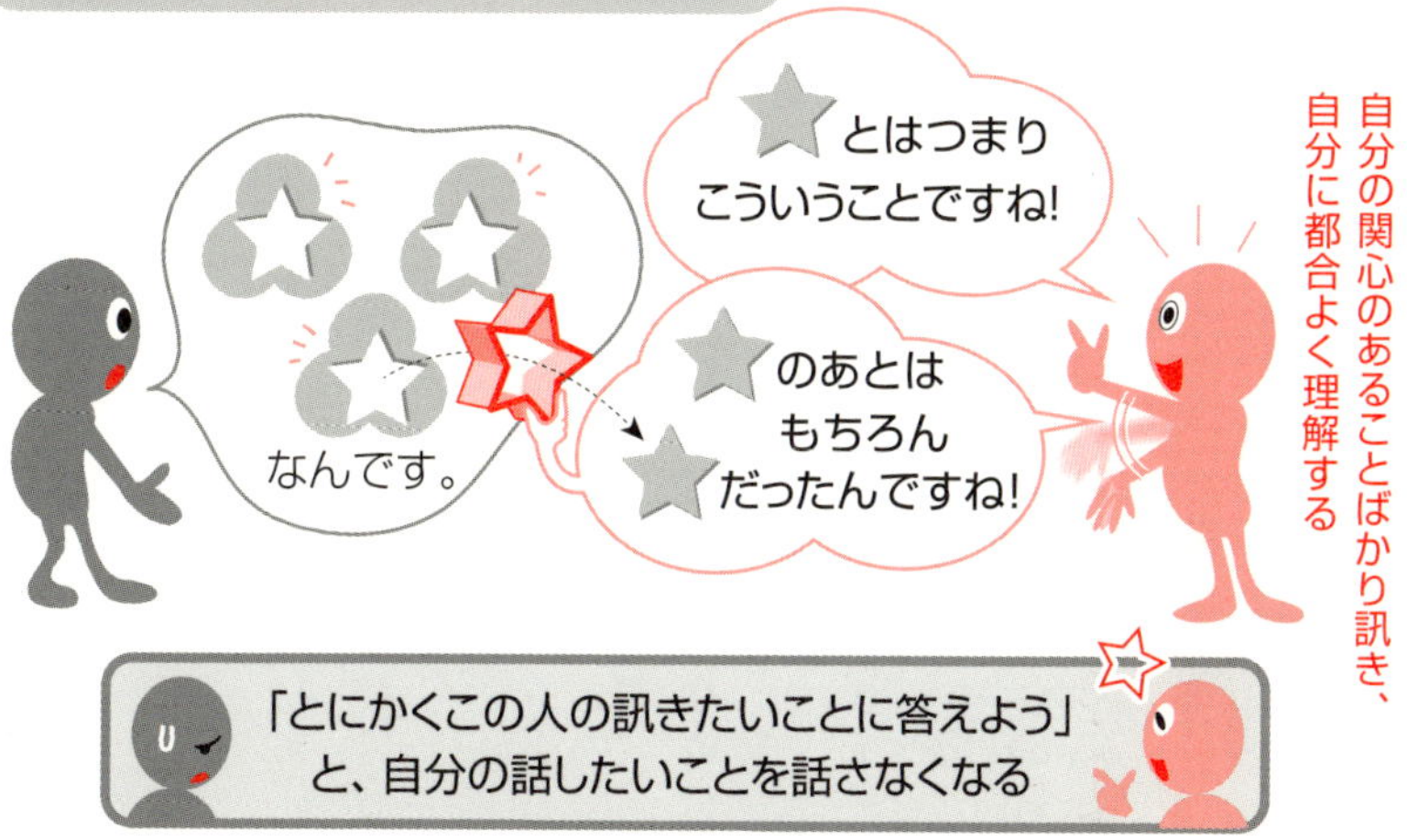
なんです。
とはつまり
こういうことですね!
のあとは
もちろん
だったんですね!
自分の関心のあることばかり訊き、
自分に都合よく理解する
「とにかくこの人の訊きたいことに答えよう」
と、自分の話したいことを話さなくなる

**ポイント** 自分の興味だけで訊くのではなく、相手を理解するために訊く。

# 6 聞き下手の人が増えている

## 心の動き、プロセスを「聴く」ことが大切

現代人は、相手が訴えたいことを聞くのではなく、課題や目的に合っている話だけを拾って聞く傾向があります。

### 課題追求型の会話

ビジネスの場においてはよく、「結論を先に言え」と言われ、まず結論を簡潔に述べたあとに、それがどのように導かれたのかを説明するように求められます。

また、会議の席では、問題解決や議題に合った話だけしか聞こうとしません。たしかに、課題追求型の会話ではテーマから外れすぎないことは大事です。

しかし、解決への提案以外をまったく聞かないと、シロクロはっきりしたことしか話してはならないことになっていきます。

そして、そのような傾向は日常にも及び、課題追求型の会話が、家庭でも学校でも行われるようになっています。

### 心の動きや迷いを「聴く」

子どもは、思いついたことをそのまま口に出すものです。そのとき、「はっきり言いなさい!」「何が言いたいの?」などと言うと、子どもは思っていることを正直に言えなくなります。

思いをそのまま言葉にしていると、迷いながらも気持ちが決まるかもしれないのに。

こうして、子どもは大人に話さなくなります。子どもも大人も、「ああも思うし、こうも思う」という心の動きや迷いを語っていいのです。

相手を理解するためには、心の動き、プロセスも「聴く」ことが大切です。

## 聞き下手と話し下手の関係

**ビジネスの場**

「結論を先に言え」

**会議の席**

問題解決や議題に合った話だけしか聞こうとしない

**家庭・学校**

「はっきり言いなさい！」
「何が言いたいの？」

子どもは思っていることが正直に言えなくなる

シロクロはっきりしたことしか話してはならないことになっていく ▶ **課題追求型の会話**

ここだけ重視

**子どもも大人も、「ああも思うし、こうも思う」という心の動きや迷いを語っていい**

ポイント

結論だけを聞くのでなく、
心の動き、プロセスも「聴く」。

# 7 なぜ「聴く」ができないのか

## ●六つの態度に気をつけよう

私たちは、どのようなときに「聴く」ができなくなってしまうのでしょう。次の六つの態度に気をつけましょう。

**「聴く」を妨げる六つの態度**

①先入観のある対応

あなたが「この人はどうせこうだから」と思っていると、相手の今の思いが聞けなくなります。相手はいつもと違っているかもしれません。

②無関心な対応

相手に関心がないとき、相手の思いを軽視・無視して、的外れな反応をしたりするでしょう。

③自分の話したいことや興味を優先する

あなたが自分の世界にいると、相手の話は上の空で話のポイントに反応できなくなったり、相手の話をさえぎったりすることになります。

④正解思考／議論のような対応

「それは、あなたが間違っている」「正しいのはこうだ」という構えでは、つねに正しいか正しくないかで相手の思いを聞くことになります。

⑤「違い」を「間違い」と判断する

相手が間違っていると思ったときに、「いや、そうじゃないんだよ」とすぐに言いたくなる人がいます。しかし、多くの場合は「間違い」ではなく「（考え方の）違い」です。

⑥アドバイス志向

上司も親も、親切な人ほどアドバイス志向になりがちです。相手は話をしたいだけなのに、助けを求めていると思い込み、アドバイスをしてしまいます。親身に聞いているようでありながら、ポイントをはずしてしまうのです。

## 「聴く」ためにやってはいけないこと

# 「聴く」を妨げる6つの態度

### 1 先入観のある対応

「この人はどうせこうだから」と思っていると、相手の今の思いが聞けなくなる

### 2 無関心な対応

相手に関心がないとき、相手の思いを軽視・無視して、的外れな反応をする

### 3 自分の興味を優先する

自分の世界にいるままでは、話のポイントに反応できなくなったり、話をさえぎったりすることになる

### 4 正解思考／議論のような対応

つねに正しいか正しくないかで相手の思いを聞くことになる

### 5 「違い」を「間違い」と判断する

「いや、そうじゃないんだよ」とすぐに言いたくなるが、多くの場合は「間違い」ではない

### 6 アドバイス志向

相手は話をしたいだけなのに、助けを求めていると思い込み、ポイントをはずしてしまう

**ポイント** 先入観や固定観念をもたず、自分を優先せず、相手に関心をもって話に耳を傾けよう。

# 8 アサーティブな会話とは

## お互いを大切にしながら、素直に会話する

私は、長年にわたって「アサーション・トレーニング」（自己表現の訓練）を実施してきました。「アサーション」（assertion）とは、お互いを大切にしながら、素直にコミュニケーションをするための考え方と方法です。

**「聞いていますよ」のサインを出す**

コミュニケーションは大きく次の三つのタイプでとらえられます。

①自分のことだけ考えて、他者を踏みにじる表現
②他者を優先し、自分を後回しにする表現
③自分のことを考えるが、他者をも配慮する表現

アサーション・トレーニングでは、
①を攻撃的（アグレッシブ）、
②を非主張的（ノン・アサーティブ）、
③をアサーティブ

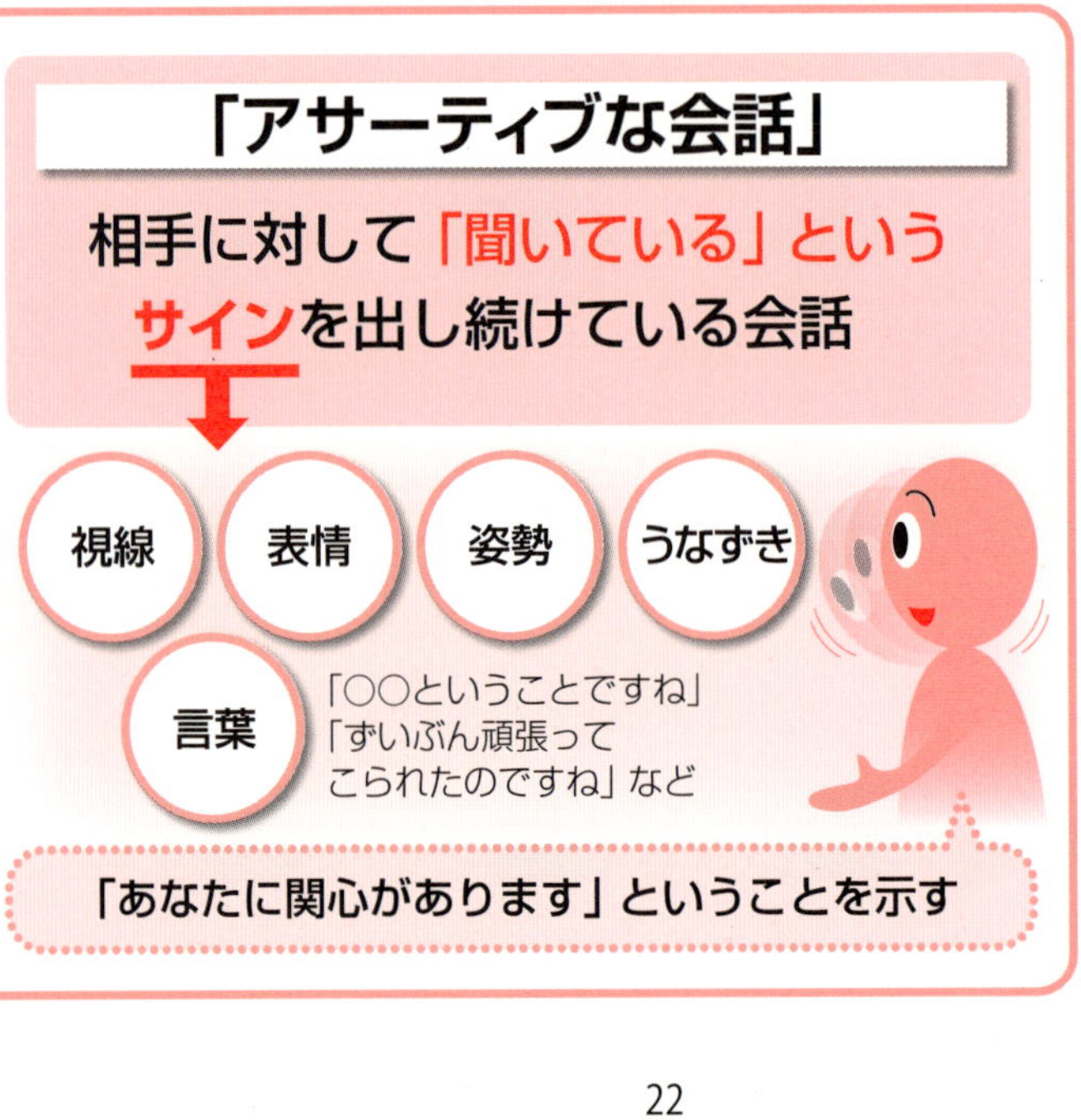
「アサーティブな会話」
相手に対して「聞いている」という
サインを出し続けている会話
視線
表情
姿勢
うなずき
言葉
「○○ということですね」
「ずいぶん頑張って
こられたのですね」など
「あなたに関心があります」ということを示す

といいます。

もちろん望ましいのは、自分も相手も大切にしたアサーティブです。

さて、「聴く」という視点からみると、「アサーティブな会話」とはどんな会話でしょう。

ひと言で言うと、相手に対して「聞いていますよ」というサインを出し続けている会話です。

視線、表情、姿勢、うなずきなどで、「あなたに関心があります」というさまざまなサインを出すことです。

**理解したことを言葉でも伝える**

もちろん言葉も使います。

「○○ということですね」

「ずいぶん頑張ってこられたのですね」

と、受けとったことを自分の言葉で伝え返すと、相手は聞いてもらったことがよりはっきりわかります。

## 自分も相手も大切にする会話

●コミュニケーションの３つのタイプ

| 自分のことだけ考えて、他者を踏みにじる表現 | 他者を優先し、自分を後回しにする表現 | 自分のことを考えるが、他者をも配慮する表現 |
|---|---|---|
| **攻撃的**<br>（アグレッシブ） | **非主張的**<br>（ノン・アサーティブ） | **アサーティブ** |

ポイント　相手に対して「聞いていますよ」という態度を示し、言葉でも伝える。

# 9 相手が非主張的なとき・攻撃的なときには

## ●「聞いていますよ」のサインを出し続ける

アサーティブな会話では、聞いたことを伝え返し、自分が言いたいことを伝えるというやりとりがあります。

アサーション（適切な自己表現）を身につけた人との会話はうまくいくかもしれませんが、相手が非主張的なときや攻撃的なときには、どうすればよいでしょうか。

### 非主張的になっているとき

人は非主張的になっているとき、自分の気持ちや考えを言わないだけでなく、曖昧な言い方をしたり、小さな声で話したりします。

こんなときは、自信がなかったり臆病になっていたり、「自分の話なんか聞いてもらえないいんじゃないか」と不安になっています。

そこで、あなたが「聞いていますよ」というサインを出し続けていると、話してみようかなという気持ちになります。

聞いてもらえると、「そうか、こんなふうにしゃべっても大丈夫なんだ」と安心して話しやすくなります。

### 攻撃的になっているとき

人は攻撃的になっているときには、相手の言い分を軽視・無視して、自分の考えを押しつける言動をしがちです。

こんなときも、相手の思いを聞こうと耳を傾けてみましょう。

攻撃的になっているとき、人は「自分の思いをわかってほしい！」という気持ちを優先するので、まずこちらがそれを聞こうとすると安心するのです。

## 「聴く」ことで相手が変わる

### 相手が非主張的になっているとき

- ◆気持ちや考えを言わない
- ◆曖昧な言い方をする
- ◆小さな声で話す

### 相手が攻撃的になっているとき

- ◆相手の言い分を軽視・無視する
- ◆自分の考えを押しつける言動

うんうん
なるほどね
自分

**「聞いていますよ」というサインを出し続ける**

- ●話してみようかなという気持ちになる
- ●聞いてもらえる安心感で話しやすくなる

そうか、こんなふうにしゃべっても大丈夫なんだ

- ●「どうにかして自分の思いをわかってほしい！」という気持ちが満たされ、安心する

まあ、わかってくれりゃーな……

ポイント　相手の話を聞こうと耳を傾けていると、相手は安心する。

# 第2章

# 相手の気持ちを理解する聞き方

# 1 「聞き上手」になろう

## 「聴く」ことは積極的な態度

会話とはいつもしゃべっていることではありません。話す人は、必ず聞いてくれる人を必要とします。

### しゃべろうとしすぎていない？

「会話に入っていけない」
「話ができない」

などと悩んでいる人のなかには、しゃべろうとしすぎるあまり、あるいは人の話を聞く気持ちがないために、「自分が話せない」ことにこだわっている人がいます。

特別な話題がないと会話に加われないと思っている人もいます。

そんな人は「聞く→聴く」ことの重要性を再認識してください。

会話には、「話し上手」と「聞き上手」が必要です。あなたに話すことがないときや、相手が話したそうにみえるときは「聞き上手」になりましょう。

相手の言いたいこと、わかってもらいたいことをきちんと「聴く」ことは、相手を大切にしていること、受けとめようとしていることを相手に伝えることになるのです。

### 話し手に爽快さを感じさせる

あなたが相手の話を「聞き」流さず、積極的に「聴く」ことができれば、適切な質問（「訊く」こと）も出てくるでしょう。

「聴く」ことは消極的なことではなく積極的な態度であり、話し手に「わかってもらえている爽快さ」を感じさせます。

「聞き上手」は会話の潤滑油なのです。

## 積極的に聞く

「会話に入っていけない」
「話ができない」と悩んでいる人
しゃべろうとしすぎる
特別な話題がないと会話に加われないと思っている
人の話を聞く気持ちがない
「自分が話せない」ことにこだわっている
ときどき質問
相手に体や視線を向ける
「聞き上手」になろう!
相づちを打つ
うなずく
話し手に「わかってもらえている爽快さ」を感じさせ、会話を潤滑にする
「聴く」ことの重要性を再認識する

ポイント

**相手の話を積極的に聞けば、適切な質問も出てくる。**

# 2

# 「枠組み」が違うことを前提にする

## 人それぞれ理解の枠組みが異なる

私たちは皆、パーソナリティも違い、育った環境や時代も異なり、接した人々やものごともさまざまです。それらの影響を受けて一人ひとりのものとらえ方や見方は異なっています。

本書の冒頭で述べたように、私たちには人それぞれの理解の「枠組み」があります。

### 二〇歳の日本人ＯＬ同士の違い

二〇歳の日本人の男子大学生と、六〇歳のハンガリー人の女性手芸家が会話するところを想像してみましょう。

言語や性格の違いはもちろん、年齢の違い、国籍の違い、男女の違いなど、二人の枠組みはまったく異なります。二人は、よほど相手に「聴き」、相手枠組みの違いを理解しようとしないかぎり、相手とつき合うことはできないでしょう。

しかしそれは、二〇歳の日本人ＯＬ同士でも同じことです。それぞれ違った家庭で育ち、違う学校生活を過ごし、過ごした場所も社会的・経済的背景も違うのですから。

つまり、二〇歳の日本人ＯＬ同士ということは、決してわかりやすさを保証しないのです。顔が違うように考え方の枠組みが違うので、やはり相手の枠組みにそった理解が必要になります。

### 会話で誤解を修正する

私たちのやりとりは、自分たちの伝え方と受けとり方の枠組みの交換です。ズレや誤解を修正するプロセスでもあります。

枠組みが異なることを前提に、相手の言わんとすることを相手の身になって聞こうと努めることが大切です。

## 枠組みの違い

チョースゲ！ツイートしとこ！
うわっ！まさにカミっすね！
これ布よ？…
20歳／日本人
男子／大学生
60歳／ハンガリー人
女性／手芸家
2人の「枠組み」はまったく異なる
言語
性格
年齢
国籍
性別
よほど相手に「聴き」、枠組みの違いを理解しようとしないかぎり、
相手とつき合うことはできない
これは、20歳の日本人OL同士でも同じこと
何これ 一〇〇均で買った？
わぁー ハンガリー刺繍カワイイ！
20歳／日本人
OL
20歳／日本人
OL
出身地
家庭環境
学校生活
社会的背景
経済的背景

**ポイント** 会話は、伝え方と受けとり方の枠組みの交換。

# 3 「積極的な関心」と「共感」をもって

## 会話の相手と信頼関係をつくる

「ラポール」という言葉をご存じでしょうか。カウンセリングの専門用語で、カウンセラーとクライエントとの間で形成される「信頼関係」のことをいいます。ふだんの会話においても、まず大切なのは相互の信頼関係です。

### 「共感」と「同感」の違い

信頼関係を築くために必要なのは、「積極的な関心」と「共感」です。

「積極的な関心」とは、会話をする相手の尊厳と価値を大切にし、その存在を丸ごと受けとめようとする態度です。

それは、言葉、視線、表情、姿勢、声の調子などで相手に伝わります。

「共感」とは、あたかも相手が感じているように、考えているとおりに理解し、その状態をありのまま受けとめることです。

共感は同感や同情とは異なり、相手のことをそのまま受けとめながらも、相手と同じようにはなっていません。

相手と同じようになって、一緒に悲しんだり、混乱したり、憤慨したりするのは同感・同情で、共感ではありません。

共感するとは、違った立場の人間が相手の立場に立って感じ、考えてみようとすることです。相手に巻き込まれていない状態です。

### 受けとめたことを伝える

あなたが相手の話を聞くときには、積極的な関心をもち、共感的に理解しようと努め、同時に、受けとめたことを相手に伝えましょう。

それで、理解が成り立ちます。

## 「積極的関心」と「共感」

**信頼関係を築くために大切なこと**

＝

**「積極的な関心」** と **「共感」**

会話をする相手の**尊厳と価値を大切に**し、その**存在を丸ごと受けとめよう**とする態度

あたかも相手が感じているように、考えているとおりに理解し、**相手の状態をありのまま受けとめる**こと

**★相手に巻き込まれていない状態**

一方……

**★相手に巻き込まれている状態**

**「同感・同情」** ← **共感ではない**

相手と同じようになって、**一緒に悲しんだり、混乱したり、憤慨したりすること**

◎相手に**積極的な関心**をもち、**共感的に理解**しようと努めることが大切

**ポイント**

**相手をそのまま受けとめ、**
**受けとめたことを相手に伝え返す。**

# 4 確かめることで理解を深める

## ◉伝えたい感情やニュアンスで理解する

「相手に聴く」とは、相手の言いたいことを、言いたいとおりに、伝えたい感情やニュアンスで理解しようとすることです。

**相手の話を要約してみる**

アサーション・トレーニングに「聴くのある会話」という、相手の話を共感して聞くための訓練があります。

そこでは、「相手の話を聞いたあとに、必ずそれを要約して相手に伝え、それから自分の話をする」という課題を与えます。

たとえば、相手がこんな話をします。

「昨日の朝、通勤電車に乗ったら、途中の駅で停まってしまいました。どうしたんだろうと思っていると、ようやく車内放送があって、前の電車が故障で動かなくなっていることがわかったので

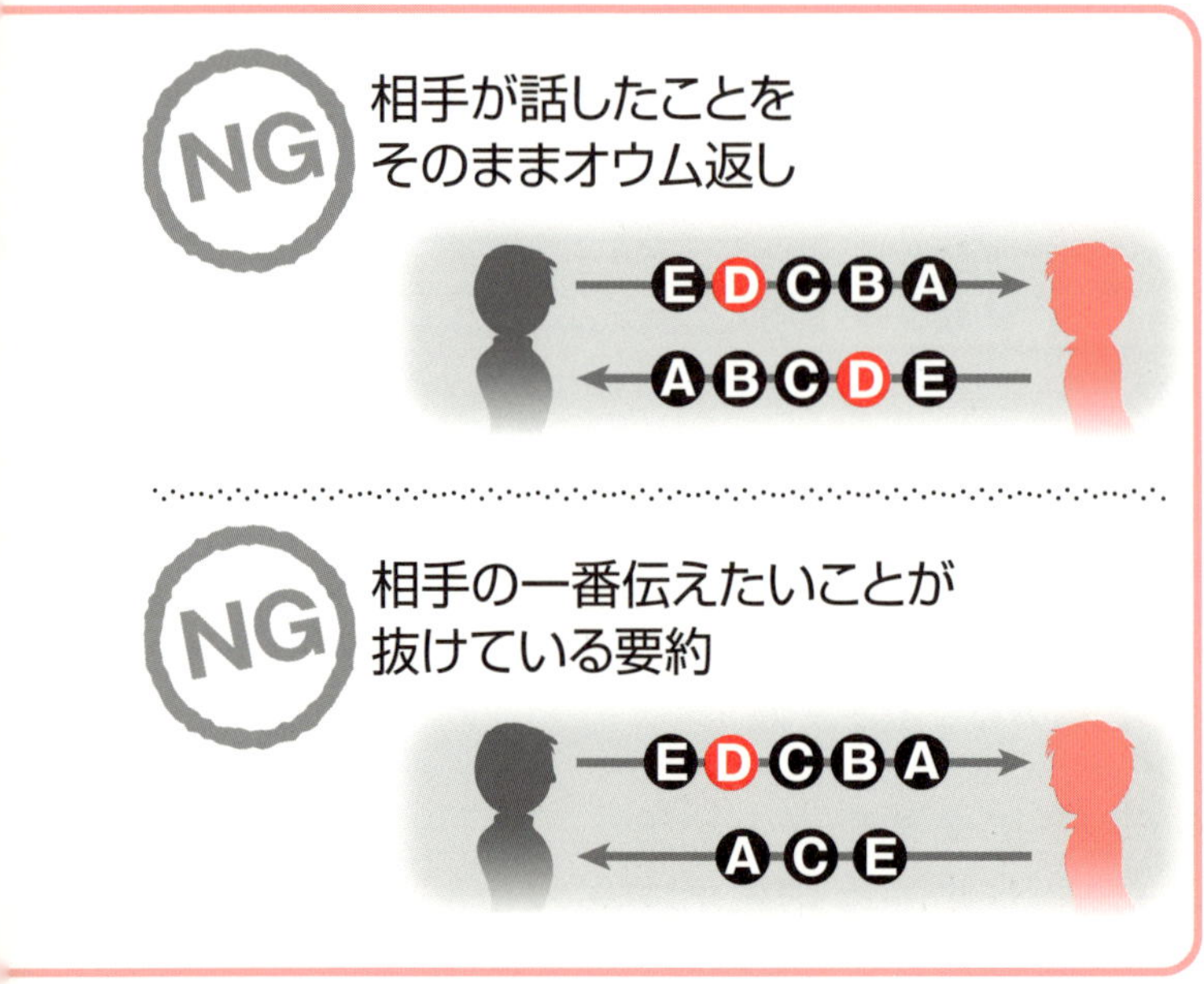
NG
相手が話したことを
そのままオウム返し
EDCBA
ABCDE
NG
相手の一番伝えたいことが
抜けている要約
EDCBA
ACE

す。三〇分後に動き出したのですが、早朝の会議に遅れてしまいました」

この話を聞いたあとは、まず「事故で電車が遅れて会議の始まる時間に間に合わなかったのですね」などと要約します。

それから、「じつは私も、今日は信号機故障で電車が遅れてしまったんですよ」と自分の話をします。

## ニュアンスが違っていないか

このように、必ず相手の話を要約したあとに自分の話をする訓練を行うと、聞いたことを返すことの難しさがよくわかります。

人によっては、相手が話したことをそのままオウム返ししたり、要約はしても、相手の一番伝えたいことが抜けていたりします。

しかし、相手の言わんとすることを確かめて返そうと心がけていると、やがて「聴くのある会話」ができるようになります。

## 相手の話を正しく聞く

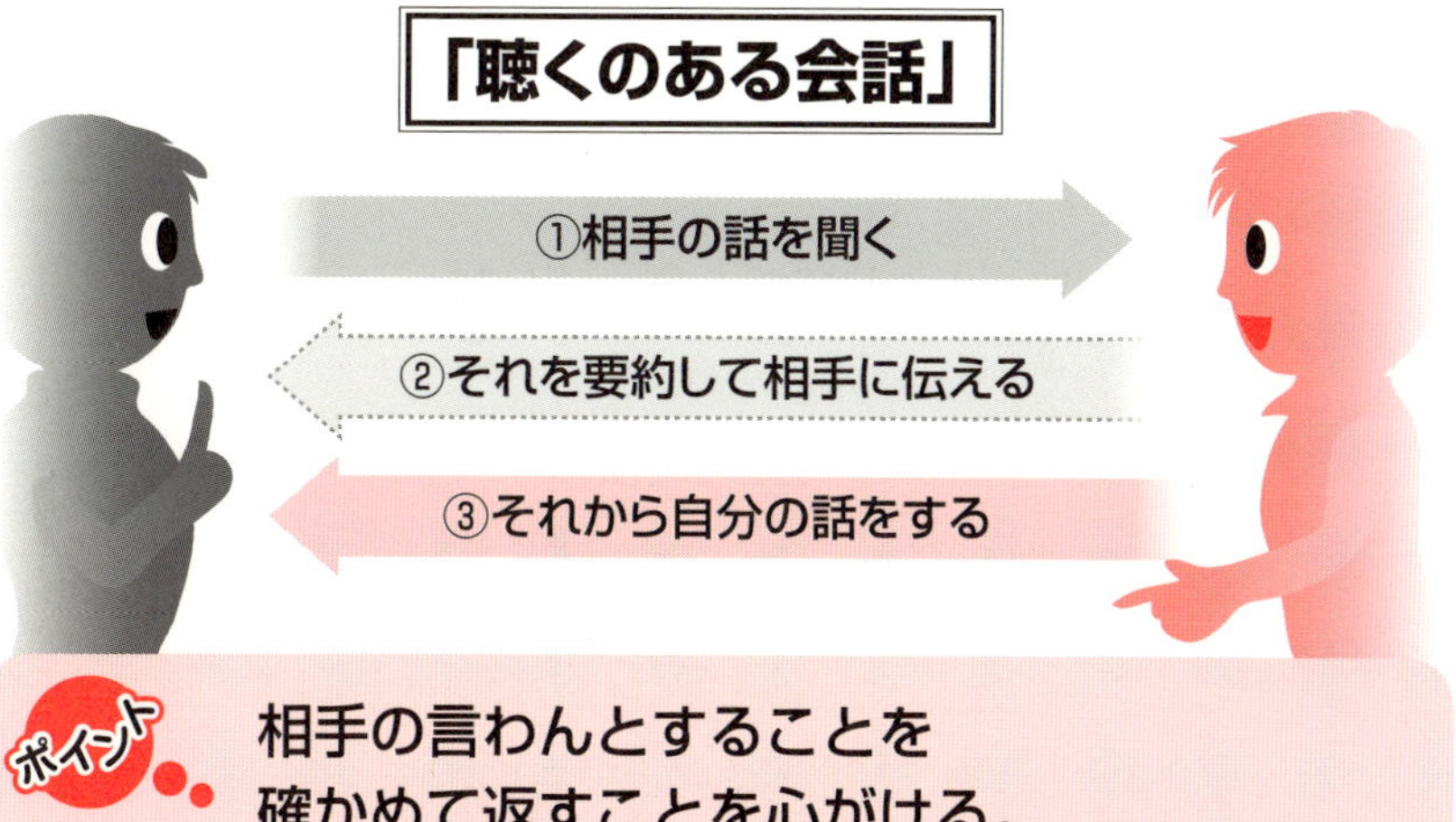
「聴くのある会話」
①相手の話を聞く
②それを要約して相手に伝える
③それから自分の話をする

ポイント　相手の言わんとすることを確かめて返すことを心がける。

# 5 相手の心を開く聞き方

## ◉質問をしながら近づいていく

会話のなかには、多くの質問や問いかけがあります。とくに初対面では、私たちはお互いに質問をしながら近づいていきます。質問をうまく使うと話がはずむ方向に転換することがあります。

### 「開かれた質問」を使う

質問には「開かれた質問」と「閉じられた質問」があります。

「開かれた質問」とは、問いが限定的でなく、答えについて大部分を相手に任せている質問です。質問された相手が「はい」「いいえ」や、単語で答えられない質問です。

逆に「閉じられた質問」は、「はい」「いいえ」、あるいは数語で答えられ、返事が限定されます。はずまない会話の原因の一つに「閉じられた質問」だけというのがあります。

### 答えから会話を広げる

たとえば、「日曜日、どこか行った?」と聞と、「デパート」とひと言の返事。「何か買ったの?」と聞くと「いいえ」のひと言。「閉じられた質問」には簡単に答えられるので、それ以上話がふくらまないことがあるのです。

これを「日曜日はどんなふうに過ごしたの?」と聞けば、答える相手は日曜日にしたことを何でも選んでいい自由があります。「デパートに行った」話でもいいし、「早朝の犬の散歩」についての話をしてもよく、質問された相手は話したいこと、気持ちなどを話しやすくなります。

そこに、その人の特徴が表現されていたり、また、こちらが関心をもちやすい話題があったりして、そこから会話が広がりやすくなります。

## 「閉じられた質問」と「開かれた質問」

### 「閉じられた質問」

質問された相手が「はい」「いいえ」、
あるいは数語で答えられる質問

例 「日曜日、どこか行った？」 ⇄ 「デパート」

「何か買ったの？」 ⇄ 「いいえ」

◆返事が限定される
◆会話がはずまない

### 「開かれた質問」

質問された相手が「はい」「いいえ」や、
単語で答えられない質問

例 「日曜日はどんなふうに過ごしたの？」 → 「デパートに行った」「早朝の犬の散歩」「映画を観に行った」……

●答える相手は日曜日にしたことを何でも選んでいい自由がある
●質問された人が話したいこと、気持ちなどを話しやすくなる

ポイント 「開かれた質問」を使うと、会話が広がっていく。

# 6 「気持ち言葉」を使おう

## ──男性より女性のほうが聞き上手

一般に、男性より女性のほうが聞き上手のようです。それは、男性より女性のほうが情緒的な反応の幅が広いからです。

### 女性は「気持ち言葉」で応える

女性は子育てや親の世話などの役割を担っていることが多いため、相手の気持ちに敏感になります。そのため相づちがうまく、「大変でしたねえ」「ああ、それはよかったですね」などと、聞いているサインを相手に上手に送ります。

女性は「気持ち言葉」（気持ちを表現する言葉）で応えていて、相手はそれを聞くと、わかってもらえたと思えます。

子どもがいろいろな話をしたときに、その情景がよくわからない場合も、母親は子どもの気持ちを理解して、「それはよかったね」「すごいね」などと子どもの気持ちに応えます。ところが、父親は「それはどういう状況だったんだ」などと追及するので、子どもから「そこはもう、いいんだよ」などと言われてしまいます。

### 男性は「知的まとめ言葉」が得意

女性の多くは、相手の気持ちに寄り添って「聴いて」いるから、気持ち言葉が出てきます。

それに対して、一般に男性は「知的まとめ言葉」が得意です。一日のほとんどを仕事の世界で過ごしているのがその理由です。

女性だけが集まると、お互いに上手に合いの手を入れて途切れることなく会話が進みます。聞き上手だから話がつながっていくのです。男性だけだと、事実と結論の話になり、気持ちの交流はあまりないかもしれません。

## 「気持ち言葉」を使った会話

| 男性 | 女性 |
|---|---|
| 「知的まとめ言葉」が得意 | 「気持ち言葉」が得意 |
| 1日のほとんどを仕事の世界で過ごしているため | 子育てや親の世話などの役割を担っていることが多いため |

状況判断・問題解決

人の気持ちに敏感になる

### 子どもへの対応も……

父親は「それはどういう状況だったんだ」などと追及してしまいがち

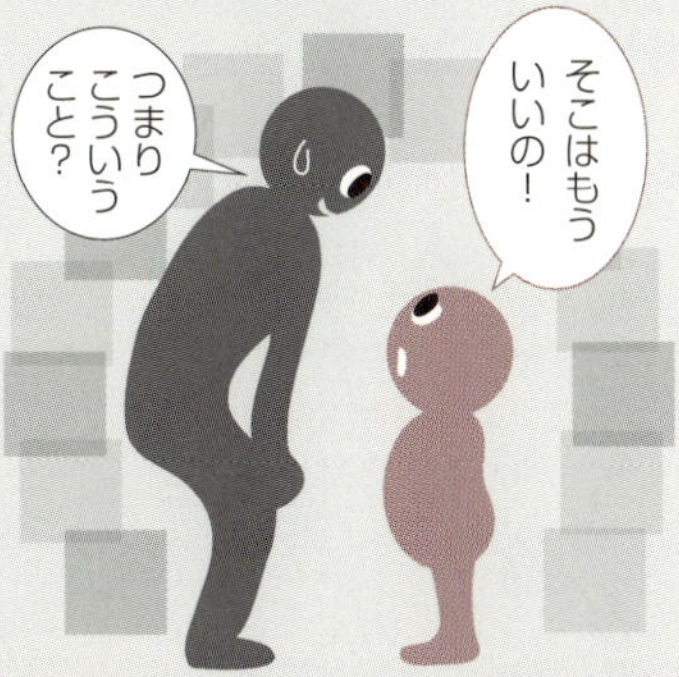


母親は、その情景がよくわからないときも、子どもの気持ちを理解して、気持ちに応える

**ポイント** 相手の気持ちに寄り添って「聴いて」いると、気持ち言葉が出てくる。

# 7 聞ける人は人気が出る

## 聞くのが上手な人は貴重な存在

「話すこと」と「聞くこと」を比べると、「聞く」のほうが難しい作業です。

### 聞いてくれる人が少ない

わかりやすく「話すこと」は容易ではありませんが、自分にその気があれば、何かを話すことはできます。

しかし、「聞くこと」には、精神を集中する覚悟が必要です。

そのため、私たちは聞くことが負担で、つい軽視しがちになります。

私は、アサーション・トレーニングの一環としてよく「聴く演習」を行いますが、仕事の場では聞く人が少ないのがよくわかります。

会社にかぎらず、現代は聞いてくれる人がいないために自分の思いを伝えられず、心がいっぱいになっている人がたくさんいます。聞くのが上手な人は貴重な存在です。

### 職業として聞く人

世の中には、職業柄、聞く側に回る人も大勢います。医師や看護師は聞くことが仕事の重要な一部です。

美容師やマッサージ師、ネイリストなども、仕事の最中、お客さんの話を聞きます。まるでそれも仕事のうちのようです。

「赤ちょうちん」の大将や女将もそうでしょう。接客業はまさしく聞くのが仕事です。

こうした職業に就く人が聞き上手になれば、よりよく仕事ができるのではないでしょうか。

日常の会話においても、聞くことができる人は、人気者です。

## 聞くのが上手な人

**現代は自分の思いを伝えられず、心がいっぱいになっている人がたくさんいる**

聞いてくれる人がいないから……

↓

**聞くのが上手な人は貴重な存在**

**聞く側に回る職業**

医師

看護師

マッサージ師

ネイリスト

美容師

赤ちょうちんの大将

女将

など……

↓

**相手の話を聞くのが上手な人は人気が出る！**

ポイント

「聞くこと」で、
相手を心地よくすることができる。

# 8 聞けないとき、どうすればいいか

## ◉正直に「今、聞けない」と言っていい

「聴く」は、相手に興味がなければできません。話への関心だけでなく、相手に対して関心をもつことです。

面白い話のときだけ聞いているというのは、自分中心であって、相手に対しては関心がないわけです。「聴く」ためには、相手に関心をもつことを心がけます。

### 「今、聞けない」と言っていい

しかし、ときには自分のことで精一杯だったり、睡眠時間が十分にとれずに疲れていたり、いろいろな事情があって相手の話が聞けないことがあります。

そういうときは、正直に「今、聞けない」と言いましょう。

「○○の事情で今、話を聞ける状態にないから、またにしてくれる?」などと言います。

それは、相手のためでもあり、自分のためでもあります。

### 聞いたふりは失礼

たとえば、もう一時間も相手がしゃべっていて、それ以上聞けないときは、「この続きは明日にしよう」「その話はまたにしてほしい」と言ってみましょう。

聞く気もないのに、聞いたふりをするのは相手に失礼であり、それでは聞けないことを伝えるタイミングもみつからないでしょう。

「今は○○の事情で聞けない」とはっきり言うことは、アサーション（適切な自己表現）であって、自分も相手も大切にする素直なコミュニケーションです。

## 素直なコミュニケーション

**事情があって
相手の話が聞けない場合**

自分のことで
精一杯の状況

疲れすぎて
聞きたくない

睡眠時間が十分に
とれずに疲れている

など……

**つき合って
聞き続ける**

NG

◆聞く気もないのに、聞いたふりをするのは相手に失礼

◆聞けないことを伝えるタイミングもみつからない

**「○○の事情で
今、聞けない」
と正直に言う**

OK

●はっきり言うことは、自分も相手も大切にするアサーション（適切な自己表現）である！

ポイント

**「聞けない」とはっきり言うことは、
素直なコミュニケーション。**

# 第3章

# 態度や表情で聞く

# 1 相手を受けとめる

## ●「聞いていますよ」のサインを送る

聞くときには、まず相手の話を受けとめ、それから受け容《い》れます。

**挨拶をして受けとめる**

「受けとめる」と「受け容れる」の違いは英語にするとわかりやすいかもしれません。「受けとめる」はacknowledge（認める）で、「受け容れる」はaccept（受容する）です。

「受けとめる」は、挨拶をするときのイメージです。

挨拶には「あなたがそこにいることを、私は認めた」と知らせる意味があります。

たとえば、学校で先生たちが校門の前に立って通学してきた生徒に「おはよう」と声をかけます。あれが受けとめです。

まず受けとめることが大切だから、先生たちは

**イメージは挨拶**

例 先生たちが校門の前に立って通学してきた生徒に「おはよう」と声をかける。**あれが「受けとめ」**

おはよう
おはよう
会話では……
目を合わせる
目配せをする
うなずく

●相手の存在を受けとめていることを知らせる

わざわざ校門の前で生徒の一人ひとりに声をかけて、「あなたがこの学校に来ることを、私たちは受けとめていますよ」というサインを送っているのです。

## 受けとめたサインを送る

会話においては、目を合わせる、目配せをする、あるいはうなずくことで相手の存在を受けとめていることを知らせます。

相手が何か言ったときに「うん」とうなずいたり、「そうそう」と言ったりして、「あなたの言っていることを私は聞こうとしている」という態度で相手の存在を受けとめます。

こうしたうなずきや合いの手によって、関係がつくられていきます。

まずは、言葉、態度、表情などで「聞いているよ」というサインを送って「受けとめ」、「受け容れる」につなげましょう。

### 相手の存在を受けとめる

★聞くときには――

①まず相手の話を**受けとめる**
＝acknowledge（認める）

↓

②それから**受け容れる**
＝accept（受容する）

ポイント　まず相手の話を受けとめ、それから受け容れる。

# 2 相手を受け容れる

## その人のありのままの姿を大切にする

「受け容れる」とは、相手の話の内容や気持ちを批判的にならずに聞き、その人のありのままの姿を大切にすることです。

### ありのままの姿に関心をもつ

言葉を換えていうと、相手を受け容れるとは、共感的に相手の思いを理解し、存在そのものに関心をもつことです。

相手の思いを共感的に受けとめていると、その人の立場に立ってものごとが見えてきます。

「もし私がそんな経験をしたら、同じような考え方や生き方をするだろう」とか、「そんな状況だったら、そう思うのも無理はない」といった理解が深まります。

この評価的ではない理解が、相手を一人の人格として丸ごと受け容れる態度なのです。

そして、その態度は、こちらのさまざまな言葉にならないメッセージ（非言語のメッセージ）、つまり、視線、表情、姿勢、動作などで表されます。

これらの態度は、相手にとって、より自由に、素直になるチャンスを広げ、その人らしさをいっそう表現しやすくするでしょう。

### 存在を大切にしようと思う

その人らしさを受け容れると、私たちはその人に感心と感動、尊敬の念をもちます。

それは「あなたに積極的な関心を寄せていますよ」というさまざまなサインになり、

「あなたを大切に思っています」

「あなたを尊敬しています」

という受容の心を伝達するでしょう。

## 相手のありのままを受け容れる

★聞くときには——

①まず相手の話を**受けとめる**=acknowledge(**認める**)

### ②それから受け容れる
### = accept(受容する)

●相手の話の内容や気持ちを、**批判的にならずに**聞き、その人の**ありのままの姿に関心をもつ**こと

●相手の思いに**感心**し、**存在を大切にする**こと

●なるべく相手の話を中断しないで聞こうとする

「関心をもっています」サイン
(相手の思い)


●相手の思いを共感的に受けとめていると、その人の立場でものごとが見えてくる

●「そうだったんだ」「なるほど」「無理もない」など

●相手の存在をありのまま受け容れる

ポイント

**受け容れられたと感じた人はありのままの自分のよさを伸ばすことができる。**

# 3 聞く態度・聞かない態度

## 態度や表情などでも思いを伝えている

私たちは、言葉だけでなく態度などによっても相手に思いを伝えています。

### 言葉と態度で表現する

アサーションは、言葉による表現と言葉以外の表現（非言語的表現）が一緒になって、有効な自己表現になります。

ときに、非言語的表現は言葉よりはるかに強力なコミュニケーションの手段になります。「目は口ほどにものを言う」の言葉のとおりです。

非言語のアサーションとは、態度や動作などによる表現のことで、視覚的なものと、聴覚的なものに分類されます。

視覚的なものとしては、視線、表情、姿勢、動作、相手との距離、服装などがあります。

聴覚的なものには、声の大きさ、話し方の流暢《りゅうちょう》さ、速度、調子、明確さ、反応のタイミングなどがあります。

このように私たちは、言葉以外の要素でもコミュニケーションをしているのです。

### 無意識に出る「聞かない態度」

「聴く」のトレーニングで、聞かない演習をすることがあります。

あえて「聞かないこと」をいろいろやってみるのです。それによって、聞かないことは、多くの無意識の態度によって相手に伝わることがわかります。

左ページにさまざまな「聞かない態度」を挙げてみました。

人は聞いてもらえなかったとき、非常に空しく、腹立たしい気持ちになります。

## 聞かない態度

### 無意識に出る聞いていない状態

◆視線が相手に向かず、机の上や窓の外を見ていたり天井や横を向いていたりする。

◆腕を組んだり横を向いたりしてふんぞり返って座っている。

◆下を向いていたり、本を読んだり、手帳を開いたり、勝手気ままな振る舞いをする。

◆ほかのことを考えているような顔つきをしたり、なま返事をしたりする。

◆相手の話をさえぎって話題を変えたり、自分の話を始めたりする。

**人は聞いてもらえなかったとき、非常に空しく、腹立たしい気持ちになる**

ポイント

**私たちは、言葉以外の要素でもコミュニケーションをしている。**

# 4 視線はどこに置くのか

## ときどき目を見たり、口元に視線を移したり

視線は、コミュニケーションの重要な要素の一つです。

### じっと見つめ続けるのは×

人は非主張的（ノン・アサーティブ）になっているとき、視線を合わせることを躊躇《ちゅうちょ》し、下を向いたり、目をそらせて横目で見たりします。

これは相手に失礼になることもあります。

だからといって、相手の目を見つめ続けることは必ずしもアサーティブとはいえず、攻撃的にさえなりかねません。睨《にら》まれていると受けとる人もいます。人は怒っているときに相手の目をじっと見るものですから。

「日本人は相手の目を見て話さないので、よくない」「人と会話するときは相手の目を見なくてはいけない」と言う人もいますが、それは言いすぎのように思えます。

相手の話をじっくり聞くときは、目をつぶって耳を傾けることもあります。

### 目で確認しながら聞く

ふだんは、相手の胸の上あたりに視線を置くといいでしょう。

そうしていれば、相手が「こっちを見てもらいたい」という信号を出しているのがわかるので、そのとき目を見ることができます。

ときどき相手の目を見たり、話している口元に視線を移したりして、相手の様子を確認しながら聞くことは、相手に関心をもち、相手との関係をアサーティブで、心地よいものにしようとする意思を表現しています。こうした視線の置き方は、会話における大切な礼儀といえます。

## 視線の置き場所

**会話中のNG視線**

◆相手の目を見つめ続ける

**攻撃的**
（アグレッシブ）

◆視線を合わせることを躊躇する
◆下を向く
◆目をそらせる
◆横目で見る

**非主張的**
（ノン・アサーティブ）

**相手に失礼になる**

**会話中の理想の視線**

**相手の様子を目で確認しながら聞く**

●ときどき相手の目を見る
●視線は、相手の胸の上あたりに置く
●話している口元に視線を移したりする

**相手に関心をもち、相手との関係をアサーティブで心地よいものにしようとする意思を表現している**

**ポイント**
**相手の様子を目で確認しながら聞くことは、会話における大切な礼儀。**

# 5 言葉と表情を一致させる

## 「二重拘束的な表現」になっていないか

表情も多くを伝えます。

私たちは、笑顔を絶やさないことはよいことだと思っていて、腹が立ったり、同意できないときでも笑顔でいたりします。

しかしそれでは、伝えたいことが伝わらなかったり、神経質な笑いや引きつった笑顔になることもあります。

### 相手を混乱させない

「同意できないのに笑顔でいる」などのように一度に二つの違ったことを伝えるのは、相手にとって混乱を招くだけでなく、攻撃的な感じにさえなりかねません。

言っていることと、表情や態度が一致していない表現を「二重拘束的《こうそくてき》な表現」といいます。二つの矛盾したメッセージは相手を身動きできなくしてしまいます。

あなたが、ふくれ面をしながら「いいですよ」と言ったとします。

すると相手は、「この人は『いいですよ』と言っていながら、納得した表情をしていない。渋々承知したということか。本当は承知していないのか」と悩みます。

### 気持ちを正直に表す

非主張的な人、攻撃的な人は、「二重拘束的な表現」をしがちです。

相手の話を聞きながら示す相づちや態度が、いつも自分の気持ちを正直に表しているかどうか、相手にきちんと伝わっているかどうか確認しながら話すことも大事です。

## 言葉と表情の不一致

申し訳ありませんがぜんぜん納得いきません！
私には1㎜も理解できないです！

**「同意できないのに笑顔でいる」**など、

**言っていることと、表情や態度が一致していない表現**

↓

**「二重拘束的な表現」**

2つの矛盾したメッセージは、相手を身動きできなくしてしまう……

まずかった？ものすごく怒った？
ジョーク？なに？
ピタッ

わ！かえってすごい迫力出ちゃったなぁ―…
ヒャ～

※相手に示す**相づちや態度が、いつも自分の気持ちを正直に表しているかどうか**確かめてみることも必要

ポイント **ときには鏡を見て自分の表情をチェックしてみよう。**

# 6 姿勢・動作が相手に与える印象

## アサーティブな雰囲気をつくる

姿勢や手・腕の動作も重要なアサーションの役目をします。

たとえば、背中を丸め、首を前に出して、下を向いた姿勢は、いかにも非主張的な、話を積極的に聞こうとしない雰囲気を与えます。

**心地よい距離を置く**

相手の話をよく聞こうとする人は、ゆったりと座って体を相手のほうに向け、前傾姿勢をとるでしょう。また、相手との間に心地よい距離を置きます。

座る位置はそれほど気にすることはないかもしれませんが、カウンセリングでは、正面で向かい合うのか、斜めに座るのかなど配慮します。会話しやすい位置というものもあります。

手や腕の動作にも注意しましょう。

手を胸や口元に当てていると、非主張的なイメージを与え、腕組みをしていると、それが拒絶のサインに受けとられることもあります。

**ときには服装にも配慮する**

服装も自己表現の一つです。

服の種類やスタイルによって、相手に与える印象は違います。会話の相手によって、あるいは会話内容によっては、服装を選ばなければならないかもしれません。

ちなみに、カウンセラーは派手な服装はしません。ジーンズやTシャツもNG。「相手が気をとられないような服装」を心がけます。

日常においても、「折り入って話があります」などと言われて相手の話を聞く場合は、服装に気を配ることも大切です。

## 相手を受け容れる姿勢・動作

会話中NGの姿勢
下を向く
首を前に出す
背中を丸める
◆話を積極的に聞こうとしない雰囲気を与える
手を胸や口元に当てている
◆非主張的なイメージ
腕組み
◆拒絶のサインに受けとられることも……
相手の話をよく聞こうとする人の姿勢
体を相手のほうに向ける
前傾姿勢
ゆったりと座る
相手との間に心地よい距離を置く

ポイント

**ゆったりと座って体を相手のほうに向け、相手との間に心地よい距離を置く。**

# 7 上手な間のとり方

## ●会話のペースが違うときは相手に合わせる

会話の最中、相手が考えているときは一緒に考える姿勢をとります。次の言葉を選んでいるときに話し始めるのは失礼です。相手の話が終わったときが自分の話す番です。

相手と自分の会話のペースが違うときは、相手のペースに合わせましょう。

**相手のペースに合わせて**

基本は「聴く」です。

相手はどんなペースで話す人か、今話し始めようとしているのか、それともこちらが話し出すのを待っているのかなどを推しはかります。

相手が「話したくない」と黙っているときには、こちらが話し出しましょう。

もし相手が、「あなたとは話したくない」という感じで黙ったときには、「私が言ったことで気

■ゆっくり、切れ切れに話す人の場合

➡待ってみる

◆間がもたないからと、先に話し出さない

Case

■非常に速いペースで、話についていけない場合

➡「少しゆっくり話してください」と伝えていい

Case

■「あなたとは話したくない」という感じで相手が黙ってしまった場合

➡「私が言ったことで気に障っていることがありますか」と、気持ちを言ってもらえるような問いを発する

Case

に障《さわ》っていることがありますか」と、気持ちを言ってもらえるような問いを発してみましょう。

## 相手が話し出すまで待つ

ゆっくり切れ切れにしか話さない人もいますが、そのときは待ってみます。

間がもたないからと先に話し出さないようにしましょう。

ゆっくり話す人は、じっくり考えながら話しているかもしれないので、そのペースに合わせましょう。

次に話すことを迷っていたり考えていたり、なかにはどう言うべきか、言い方を考えている人もいます。

一方、話のペースが非常に速い人がいて、話についていけないときがあります。そんなときは「少しゆっくり話してくださいますか」と伝えていいのです。

### 相手のペースに合わせる

どんなペースで話す人なのか推しはかる
……
今話し始めようとしている?
こちらが話し出すのを待っている?
「話したくない」と黙っている?
こちらが話し出す

ポイント　相手の話が終わったときが自分の話す番。

第4章

# 「聴く」から生まれる適切なひと言

# 1 共感を言葉で表現しよう

## 信頼関係を育むために

相手の言うことを邪魔せずに聞くことは重要ですが、ただ黙って聞いていたり、相づちを打ったりするだけでは、相手は不安になることがあります。そこで、共感したことは言葉にして伝えましょう。

聞き上手な人は、態度や短い反応だけでなく、意識して共感を言葉で積極的に伝えています。

### どう受けとったかを伝え返す

あなたが相づちを打つだけでは、相手は、自分の言ったことのなかで、どの部分をどうわかってくれたかがわからず、物足りなくなることがあります。

うなずきや沈黙が、無関心や批判ではないかと心配になることもあります。

そこで、相手の言ったこと、感じていることをどう受けとめたかを言葉で返すと、共感や理解が伝わりやすくなります。

### 相手の自己開示を促進する

とくに、初対面の会話では、自分の理解を言葉で伝え返す努力が大切です。よく知っている人同士の会話より多めに、相手の言ったことを短く繰り返したり、要約したり、言い換えたりして、理解を示しましょう。

共感がタイミングよく、的確に表現されると、相手はよくわかってもらえたという実感をもつことができます。

このような積極的な関心の示し方が、相手の自由な自己開示（自分が考えていること、感じていることを相手に伝えようとすること）を促進し、信頼関係を育《はぐく》んでいきます。

## 上手な聞き方

**◆黙って聞いていたり、相づちを打ったりするだけでは、相手は不安になる**

うんうん
えーえー
…で、駅前の一方通行を入っちゃったんですよ～
カーナビって時々嘘つくじゃないですか……
あれ？
自分の言ったことの、どの部分をどうわかってくれたかわからない
物足りない
うなずきや沈黙が、無関心や批判ではないか……
心配


**聞き上手な人は、態度や短い反応だけでなく、意識して共感を言葉で積極的に伝えている**

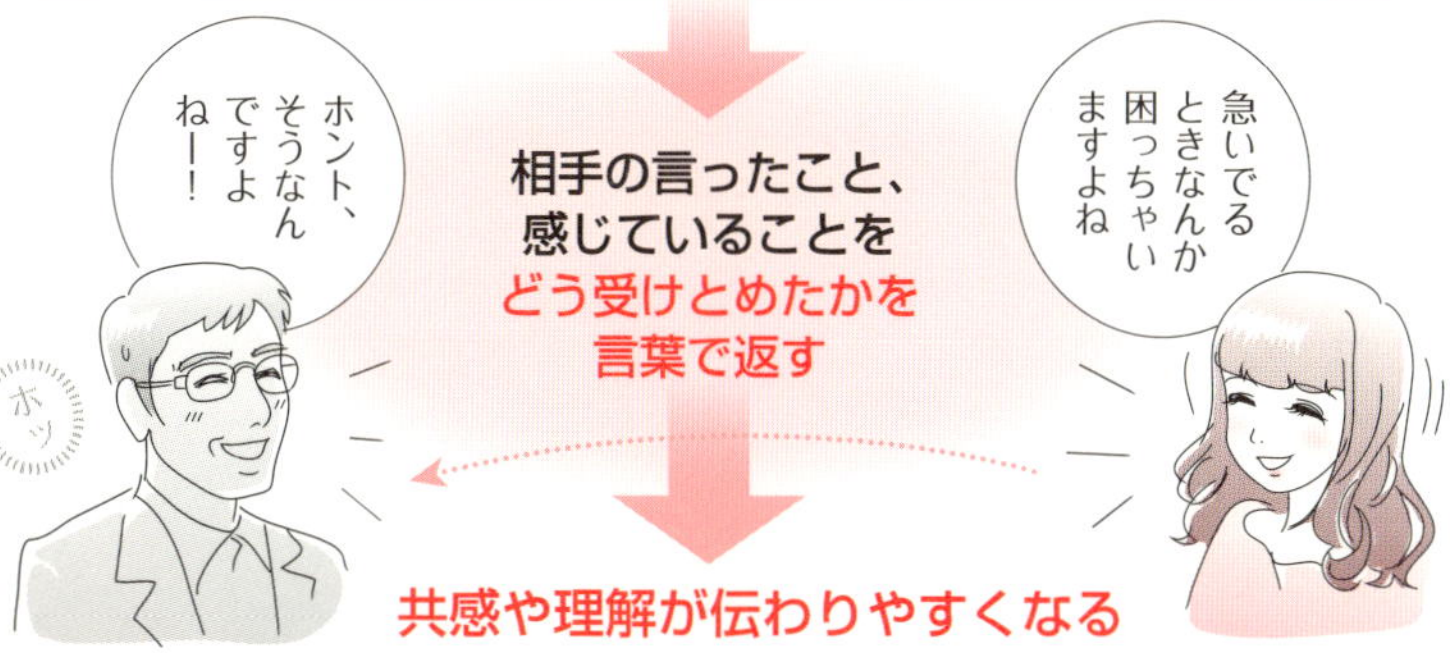

急いでるときなんか困っちゃいますよね
ホント、そうなんですよねー！
ホッ
相手の言ったこと、感じていることをどう受けとめたかを言葉で返す
共感や理解が伝わりやすくなる


**ポイント** 積極的な関心を示すことで、相手との信頼が育まれる。

# 2 相手をほめる

## あなたの好意や関心を相手に伝える

ほめることは、相手の心をほぐし、気持ちを和らげます。話を聞きながら、「それはよかったね」「頑張ったんですね」などとほめ言葉を使うことで、あなたの好意や関心が相手に伝わり、会話が円滑になります。

### 「称賛」と「賞賛」の違い

「ほめる」には、「称賛」と「賞賛」の二種類があります。称賛は「いいな」と思ったことを言葉で伝えることで、賞賛は褒美や賞金、賞状を与えることで表現されます。

つまり、称賛は状況にかかわりなく自分がいいと思ったらできますが、賞賛は他者より優れているという状況がなければできません。

「自分の子どもはほめられない」と思う親や、「部下は抜群の成績を上げないかぎりほめられない」と思っている上司は、賞賛だけをほめることと思っているようです。

### プラスを口に出す

称賛できる人は、「そのネクタイいいですね」と言えます。このひと言は、「自分はそのネクタイがいいと思う」「自分はそのネクタイが好きだ」という意味で、ほかのネクタイと比べてほめているわけではありません。

ほんの小さなプラスに気づいて、それを口に出して「私は気づきましたよ」と伝えることがほめることです。

人は誰でも、人に認められたいという気持ちをもっていますから、「私はいいと思っています」というメッセージは、あなたと相手の親密さを深めるきっかけとなります。

## 「称賛」と「賞賛」の違い

「ほめる」

### 「称賛」

「いいな」と思ったことを**言葉で伝える**ことで表現される

状況にかかわりなく自分がいいと思ったらできる

### 「賞賛」

**褒美や賞金、賞状**を与えることで表現される

他者より優れているという状況がなければできない

その ネクタイ いいですね

ほんの小さなプラスに気づき
「私は気づきましたよ」と
**口に出して言ってみる**

頑張りましたね！

↓

**好意や関心が相手に伝わり、会話が円滑になる**

ポイント

**「ほめる」は、自分がいいと思ったことを伝えること。**

# 3 ほめ上手になるには

## 相手のプラスの部分をとらえる

ほめることが苦手な人、不得意な人にはいくつかのタイプがあります。

**ほめるのが苦手な人**

一つは、いわゆる完璧主義の人。

「軽々しくほめることができない」「一〇〇％でなければ、ほめられない」などと思う人です。

もう一つは、ほめられた経験のない人。

あまりほめられたことがないため、ほめ言葉を知らず、ほめるのが下手です。

さらに、ほめられたあとに何かを言いつけられたことのある人。

「あなたはすごいね」と言われたあとに「だから、これして」と言いつけられた人は、「次に何を言われるか」と警戒するのでほめられることがうれしくない。ほめるのも苦手になります。

ほめるのが苦手な人がほめ上手に変わる方法の一つは、ほめてくれる人のそばにいること。多くのほめ言葉を聞くと、ほめ方がわかっていくでしょう。

**「その人らしさ」を認める**

自分で努力するのも有効です。相手のことで目についたプラスの部分をとらえて「あなたのここがいい」と伝えるようにします。

自分の心のなかに「お互いによく知り合いたい」といった肯定的な気持ちがあれば、好意を伝えたくなるでしょう。

ほめることは「その人らしさ」を認めることです。自分とまったく違う人が魅力的にみえるとき、私たちはその人なりの「よさ」を認めているのです。

## ほめ上手になる方法

### ■ほめることが苦手な人

| | |
|---|---|
| 完璧主義の人 | ◆軽々しくほめることができない<br>◆100%でなければ、ほめられない |
| ほめられた経験のない人 | ◆あまりほめられたことがないため、ほめ言葉を知らない |
| ほめられたあとに何かを言いつけられたことのある人 | ◆次に言われることを警戒するのでほめられることがうれしくない。だからほめるのも苦手 |

**ほめ上手に変わる方法**

ほめてくれる人のそばにいる

★多くのほめ言葉を聞くと、ほめ方がわかっていく

相手のプラスの部分を「あなたのここがいい」と伝えてみる

★自分で努力するのも有効

ポイント その人なりの「よさ」を認めよう。

## 4 感謝の気持ちを伝える

### ●「ありがとう」「ありがとうございます」と言う

私たちは人から贈り物をもらったときに、「ありがとう」と感謝の言葉を言いますが、贈り物は物にかぎりません。ほめ言葉、いい話、楽しい会話の時間も贈り物のうちです。

それらを受けとったときには、素直に感謝の気持ちを伝えましょう。

**謙遜が失礼なときもある**

「ありがとう」という言葉が上手に使えず、「すみません」と言ったり、「いえいえ」と必要以上に謙遜《けんそん》したりする人がいます。

じつは「いいですね」と言われたときに、「そんなことありません」と言うのは失礼なのです。謙遜だとしても、相手の気持ちを否定しているわけですから。そういう意味では、それは「聴いていない」ことになります。

「ありがとう」「ありがとうございます」のひと言で、相手はあなたの感謝の気持ちを受けとります。

**会話の終わりに感謝を伝える**

とくに後輩や部下に対して、感謝の気持ちを伝えることは大切です。

先輩・上司であるあなたから「ありがとう」と言われると、素直にうれしいものです。逆の立場で考えるとよく理解できます。

充実した会話の終わりには、その時間を共有できたことに感謝の気持ちを伝えましょう。

「楽しかった」

「充実した時間をありがとう」

過ごした時間がさらに豊かになり、次に会うのが楽しみになります。

## 相手に気持ちを伝える

はい、
プレゼント！
どうも
ありがとう！
★贈り物をもらったら感謝の言葉を言う
同様に…
いいですねー！
ありがとう！
ほめ言葉、いい話、
楽しい会話の時間
をもらったときも
素直に感謝の気持ちを
伝えよう！
必要以上に
謙遜すると…
いいですねー！
そんなこと
ありません！
相手の気持ちを否定
していることになる
＝
失礼なこと

ポイント 「ありがとう」と言われた相手は、素直にうれしい。

# 5 相手を励ます

## 無責任に聞こえないように

人を励ますとき、「大丈夫」という言葉がよく使われます。話を聞いて「大丈夫。なんとかなるよ」と励ますことがあります。

しかし、それが無責任に聞こえるときがあります。

**なるべく具体的に励ます**

「大丈夫！」と言われて、「気休めは言わないで」と思うことがあります。気楽な調子で言われると、腹が立つことさえあります。

そんな場合には、どのような励ましの言葉を使ったらよいでしょうか。

相手の能力や性格、それまでの頑張りなどがわかっていたら、なるべく具体的に励ますことを心がけましょう。

「これまでのあなたの力で、十分乗り越えられると思うよ」

「よく頑張っているね。もうひとふんばりだよ」

**期限を知らせて励ます**

こんな励まし方もあります。

初めて出産した女性が一人で子育てを頑張っていました。毎日二四時間の世話で疲れ果てています。二カ月ぐらい経ったときに、へとへとになって、「これがずっと続いたらどうしよう」と、少し前に出産した友だちに電話をかけました。

すると、その友だちが「あなた、三カ月頑張れば大丈夫だから、あと一カ月よ」と言ってくれました。それで、すっかり気持ちが変わったそうです。

「もうダメだ」と思っているときに、期限付きで「頑張れ」と言うと励ましになるのです。

## 上手な励まし方

「大丈夫だよ。
なんとかなるよ」
無責任に聞こえる
ときもある
この励まし方は……
NG
「気休めは
言わないで！」
気楽に
言われると
腹が立つ

**なるべく具体的に励ますことを心がける**

**相手の能力や性格、それまでの頑張りなどから励ます**

ex.「これまでのあなたの力で、
十分乗り越えられると思うよ！」

ex.「よく頑張っているね。
もうひとふんばりだよ！」

**期限を知らせて励ます**

終わりなんてないんだ……
俺はもうダメだ……
ずっと続いたらどうしよう
先の見えない
不安
ex.
あと1カ月だ！
頑張れ！
はっ！ あと1カ月なら
頑張れるかも！
もうひとふんばりだ！
先の見えない
不安

**ポイント** できるだけ具体的に、
ときには期限を伝えて励ます。

## 6 相手をねぎらう
### 気持ちを別の方向に向ける声かけも

大仕事をやり遂げたあとには、そのことを人に伝えたくなるものです。面倒なことが起こって、その状態を抜け出したときにも、ほっとした気分で人に話したくなります。

**深刻な状況のときは**

そんなとき、あなたは相手からどんな言葉をかけてもらいたいでしょうか。

相手がそこで、「それは大変だったね」「よく頑張ったね」「お疲れ様でした」と言ってくれると、やはり安心した気持ちやうれしい気持ちになるのではないでしょうか。

そんなねぎらいのひと言を贈りましょう。

ときには、深刻な状況もあるかもしれません。受験に失敗してしまったとか、昇進試験に落ちてしまったとか。

そんなときは、相手の様子をよく見て、気持ちを推しはかり、その人の気持ちを、別の方向へ向ける声かけも必要です。

**一緒に残念がる**

よくない結果だけをみるのではなく、それまで長い時間をかけ、努力をしてきたプロセスのほうがずっと大切です。

「やったことは、決してムダにはならないよ」「やれるだけのことはやったんだから」

相手の話にじっくり耳を傾けたあとは、結果ではなく、プロセスをみるように促し、ねぎらいの言葉をかけましょう。

「残念だったね」「惜しかったね」と共感することも、ねぎらいになります。

## プロセスを見るように促す

**大仕事をやり遂げたあとなど**
**面倒な状況を抜け出したとき……**

「お疲れ様でした」

「大変だったね」

「よく頑張ったね」

やはり安心して
うれしい気持ちになる

**ねぎらいのひと言を**
**贈ろう**

**受験に失敗したなど**
**深刻な状況のとき……**

落ち込んじゃって……
落ち込むな！
がんばれ！
ドシッ

相手の気持ちを
否定している
NG

一緒に残念がる

落ち込んじゃって……
そうだねー
残念だった
よね……

気持ちを、
別の方向へ向ける
声かけ

結果だけをみるのではなく、それまで努力にかけた時間、プロセスのほうがずっと大切

「やれるだけのことは
やったんだから」

「やったことは、決して
ムダにはならないよ」

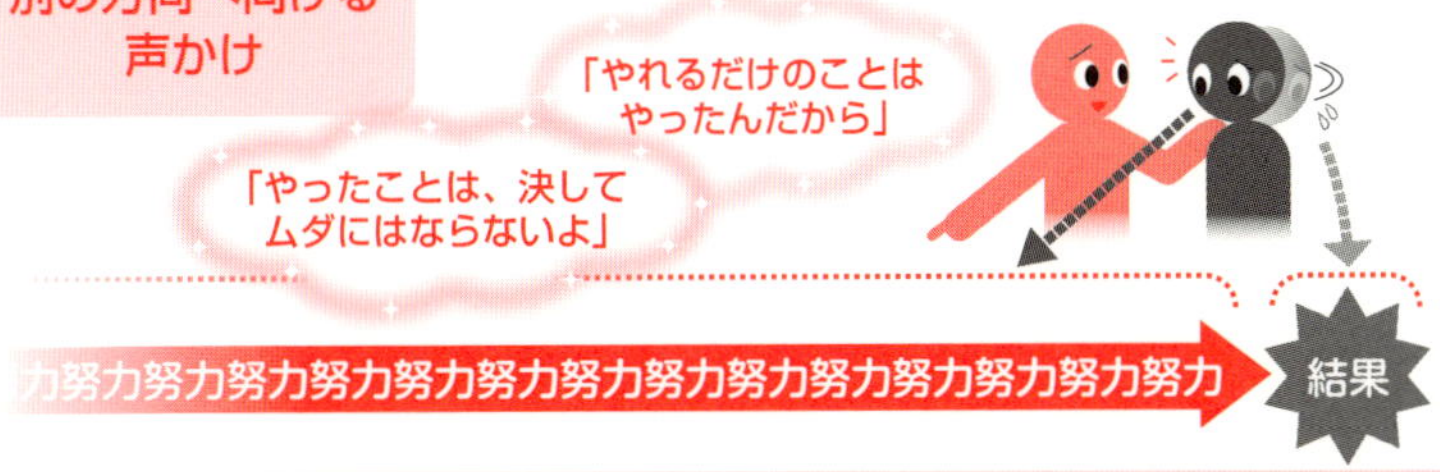
力努力努力努力努力努力努力努力努力努力努力努力努力努力
結果

ポイント

**相手の状況や気持ちを理解してから、**
**言葉をかける。**

# 7 相手をなぐさめる

## ●共感しながら話を「聴く」

友人が「昨日はマラソン大会で、早めに現地に到着するように朝5時に家を出たのに大渋滞に巻き込まれて、スタート時間に間に合わず参加できなかったのよ。マラソン初挑戦で半年前から準備していたのに」と言ったとします。

**適切な合いの手を入れる**

この話を聞いて、「それはがっかりだったね」と言えば、相手はわかってもらえた気持ちになります。ところが、「それは大変だったね」と言うと、違うという気持ちになります。

たしかに渋滞に巻き込まれたのは大変でしたが、友人が言いたかったのはそこではありません。相手の気持ちを理解して、適切な合いの手を入れましょう。

「なぐさめる」には、相手の思いを聞き、わかる

相手の話
共感しながら「聴く」
相手の気持ちを理解する
「ずいぶん頑張ったね」
共感を言葉にする
「さぞかし、がっかりしたろうね」
なぐさめる言葉
共感し、言葉にすると、次の言葉が伝わりやすくなる

必要があります。気持ちに添うことで「さぞかし、がっかりしたろうね」も「本当によくやったねえ」もなぐさめになります。

### 共感する言葉でつなぐ

なぐさめる前に相手の気持ちに共感し、言葉にすると、次の言葉が伝わりやすくなります。

「ずいぶん頑張ったね」と共感しながら聞いていると、「それはさぞかし、がっかりしたろうね」という言葉が出てくるでしょう。

ところが、「なるほど、なるほど」と言いながら聞いたあと、「がっかりだね」と言うと、相手はもっと落ち込むかもしれません。

一番難しいのは、大事な人を亡くしたときです。どうなぐさめてよいかわからないときがあります。「なんと言ったらいいかわからない」という言い方も、ときには意味があります。

しばらく寄り添うことで、「あなたを支えたい」というメッセージを送り続けることになります。それも共感したことの表現です。

## 適切な合いの手

**まず相手の気持ちを理解する**

がっかり〜

「昨日はマラソン大会で、早めに現地に到着するように朝5時に家を出たのに大渋滞に巻き込まれて、スタート時間に間に合わず参加できなかったのよ。マラソン初挑戦で半年前から準備していたのに……」

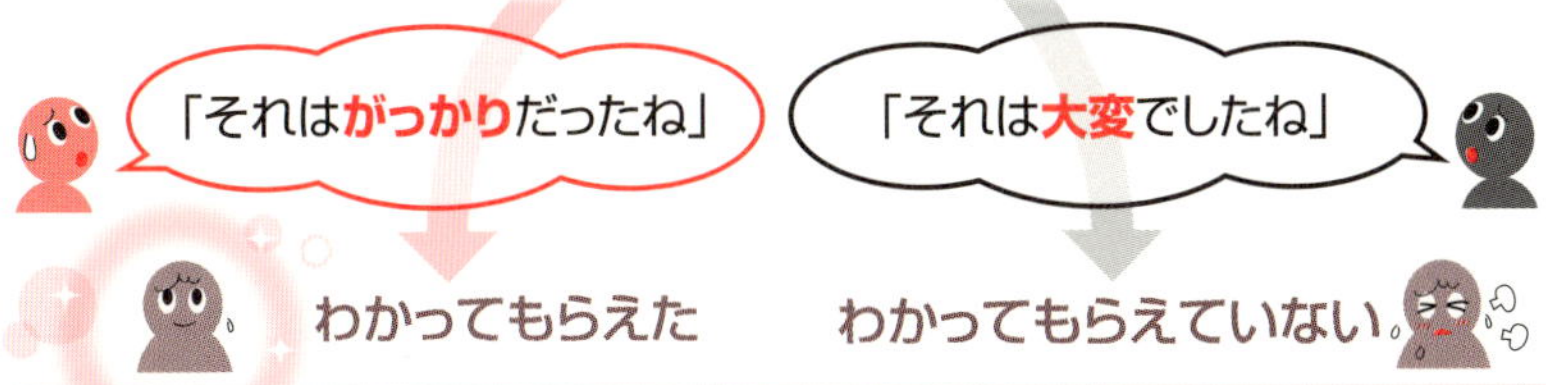
「それはがっかりだったね」
「それは大変でしたね」
わかってもらえた
わかってもらえていない

ポイント なぐさめる前に、相手の気持ちに共感して言葉にしておく。

第5章

# さまざまな立場の人の話を聞く

# 1 相手に応じた聞き方——アサーティブな関係をつくるために

## どんな表現をしているかを知る

人の話を聞くとき、その前提になるのは、相手がどんな人であり、自分とどんな関係があるかを認識していることです。

### 自分との関係性を認識する

話を聞く相手は、家族、知人、初対面の人、仕事関係の人などです。これらの人間関係の両極にあるのが、家族と仕事関係の人です。

家族の場合は、表も裏もつき合っている関係です。一方、仕事関係では、個人的な思いはあまり入らず、仕事をスムーズに進めるうえでどんな関係をつくればいいかが重要です。

その違いを端的にいうと、職場ではあまり好き嫌いで動かないけれど、家族には好き嫌いの感情が入ってくること。家族は親密さを求め合うのが第一で、達成しなければならない課題や仕事をする仲間ではありません。だからこそ、家族には揉《も》めごとも多くなるのですが。

### どんな表現をする人か

どんな立場の人でも、非主張的な自己表現、攻撃的な自己表現、適切な自己表現をします。まずは、相手がどんな表現をしているかを理解して対応しましょう。

そうして、あなたの「聞く」→「聴く」の変化によって、相手の表現の仕方が変わることを忘れないようにしましょう。

アサーティブな聴き方ができれば、相手もアサーティブな自己表現をするようになる可能性があります。いろいろな立場の人と、アサーティブな関係をつくるにはどうしたらいいのか、考えていきましょう。

## アサーティブな関係をつくる

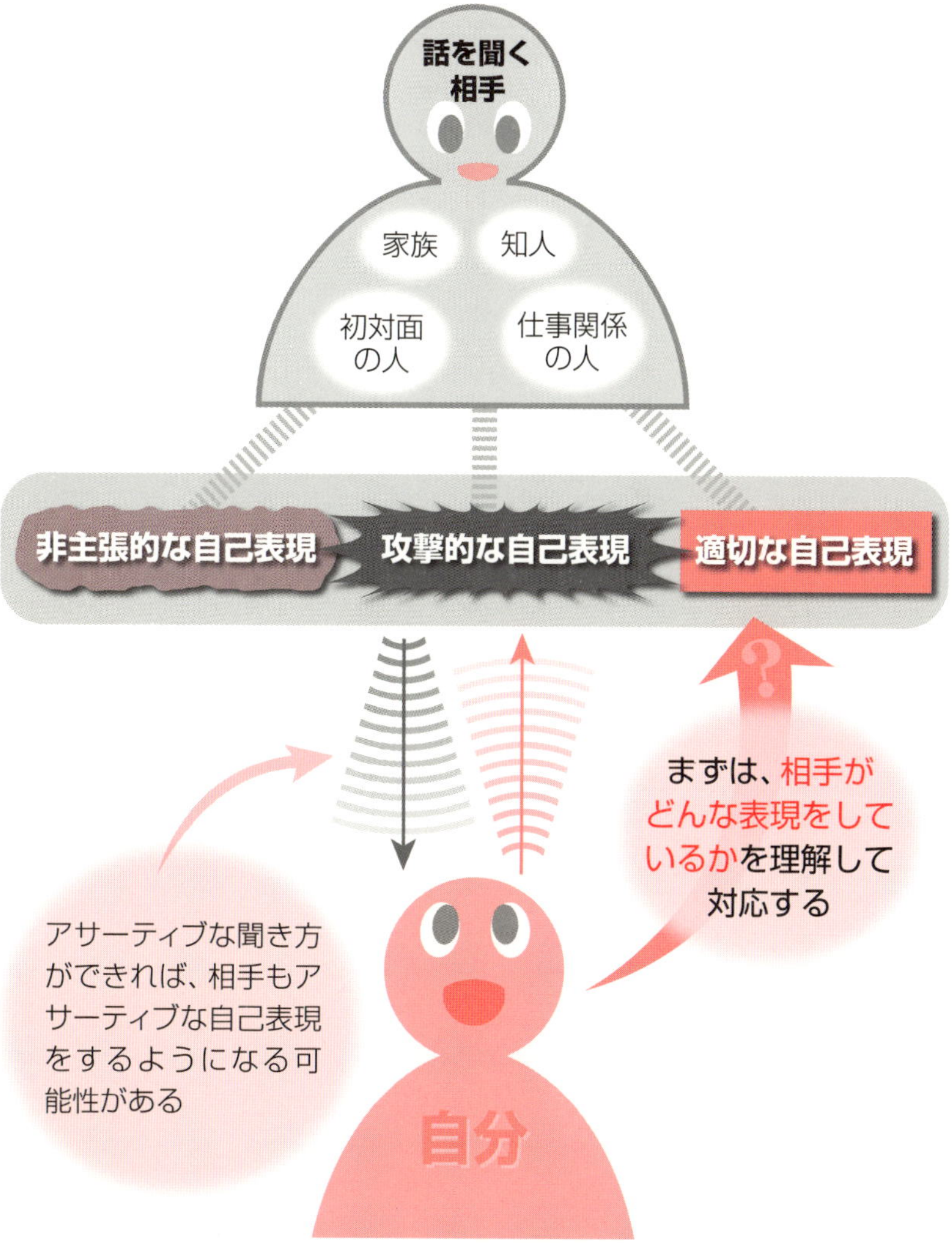
話を聞く
相手
家族
知人
初対面
の人
仕事関係
の人
非主張的な自己表現
攻撃的な自己表現
適切な自己表現
まずは、相手がどんな表現をしているかを理解して対応する
アサーティブな聞き方ができれば、相手もアサーティブな自己表現をするようになる可能性がある
自分

ポイント あなたの「聞く」→「聴く」の変化よって、相手の表現の仕方が変わる。

# 2 夫（妻）の話を聞く

## ――少し余裕をもって聞く

夫婦の間では、お互いに言いたいことを言い合って、「聴く」がなくなるケースがあります。

### 「なんでいつも遅いの！」

二人がともに、自分の言い分を聞くことを相手に要求すると、こんな会話になります。

「なんで遅いの？」「残業！」「だから、なんで残業になったの！」「忙しいからに決まってるだろ！」「どうせ、うちのことなんか何も考えてないんでしょ！」「誰のために働いていると思ってるんだ！」

一方、相手の身になって聞くと――。

「なんで遅いの」「俺も早く帰ってきたかったんだけどなあ。残業になっちゃって」「それは大変だったわね」

夫が「早く帰ってきたかった」というひと言を言えば、妻は「ああ、そう思ってたけど、遅くなったんだ」とわかります。

### アドバイスしない

専業主婦と働く夫のケースでは、夫が仕事の場と同じ対応をしてしまうことがあります。

妻が「隣の奥さんと玄関先で立ち話をしたら、彼女、もう三〇分も四〇分もしゃべっちゃって……」などと言うと、「そういうときはこうやって断るんだよ」と教えます。「そんな一日があったんだな」と受けとめるだけでいいのに、アドバイスしてしまうのです。

これは、妻の気持ちにまったく反応していない「聞いていない」典型です。

夫婦の会話をうまくいくようにするには、聞く側が少しの余裕をもつことです。

## 夫婦の会話

**双方が自分の言い分を聞くことを要求すると――**

「なんで遅いの？」

「残業！」

「だから、なんで残業になったの！」

「忙しいからに決まってるだろ！」

「どうせ、うちのことなんか何も考えてないんでしょ！」

「誰のために働いていると思ってるんだ！」

**相手の身になって聞くと――**

「なんで遅いの」

「俺も早く帰ってきたかったんだけどなあ。残業になっちゃって」

「それは大変だったわね」

夫の**「早く帰ってきたかった」**というひと言で、妻は**「ああ、そう思ってたけど、遅くなったんだ」**とわかる

**ポイント** 聞く側が少し余裕をもてば、相手の反応も変わる。

コラム

# 「なぜ」「どうして」は禁句

「なぜ」「どうして」が口癖の人がいます。

たとえば、夫に対して「なぜ、約束の時間に帰ってこないの?」、妻に対して「どうして、電気をつけっぱなしにしてるの?」、子どもに対して「どうして、忘れ物をするの?」。

こうした「なぜ」「どうして」は、純粋な疑問なのかといえばそうではありません。

## 非難を含んだ言葉

「なぜ○○なの?」というのが、理由を聞いているのではなく非難になることがあります。英語でも「Why」は注意して使います。

「なぜ?」には、「あなたの理由はおかしい」というニュアンスが含まれやすいからです。

初めから「理由なんかないはずだ」という感じで「なぜ」と言っているわけです。

言われたほうも、非難されたと感じるので、ついきつい言葉で返してしまい、口げんかになってしまうことがあります。

## 「どんなふうにして」と訊く

カウンセリングにおいては、クライエントに対して「どうしてそうしたの?」とは滅多に訊きません。

理由を訊くときには、

「何か理由があったの?」

「どんなふうにしてそうなったの?」

などと言います。

理由を訊こうとしていることは同じですが、「なぜ」「どうして」という言葉を使わないのは、それが責めているように聞こえる可能性があるからです。

## 口げんかの原因

「なぜ、約束の時間に帰ってこないの?」
「どうして、電気をつけっぱなしにしてるの?」
「どうして、忘れ物をするの?」
「なぜ」「どうして」
＝
理由を聞いているのではなく
非難のニュアンスを含んでいる
何気ない口癖でも……
どうして?
攻撃的な言葉で
非難された!
攻撃的な言葉で
非難された!
思わず
反発
反射
どうしても!
口げんかへ発展

「なぜ」「どうして」を使わずに訊いてみよう。

# 3 子どもの話を聞く①

## ◉子どもは聞いてくれない相手には話さない

子どもにとって話を聞いてもらえることはとても大切です。

子どもは「聞いてくれる」と思っていれば話すし、「聞いてくれない」と思っていると話しません。

**気持ちに近づく**

子どもは四、五歳になると、何に対しても「どうして?」と訊くようになります。

家に遊びにきたおばさんが「じゃ、さようなら」と言うと、子どもが「どうして帰るの?」と訊きます。

おばさんに帰ってほしくないので、理由が知りたいのです。「帰って寝るのよ」と言えば、「ふーん」と納得します。

子どもの「どうして?」は「わかりたい」という気持ちの表現ですから、何らかの答えをちょっと与えればいいのです。

**気持ちを理解する**

小学校の高学年や中学生になった子どもに対して、親がよくやるのは、問題解決的に聞くこと。

たとえば、子どもがサッカーの試合に負けて帰ってきたとします。まず、その子どもが伝えたいのは、悔しい気持ちです。

そこで、親は「惜しかったね」と共感すればいいのに、「そんなときはこうしたほうがいい」と言ってしまうことがあります。

子どもは、自分の気持ちをわかってもらえたあとでなら、そうした意見も聞けますが、気持ちがわかってもらえていないときには聞けないでしょう。

# 子どもの気持ちに共感する

子どもは……

「聞いてくれる」と思っていれば話す

「聞いてくれない」と思っていると話さない

**4、5歳児**

●何に対しても「どうして？」と訊く時期

「わかりたい」という気持ちの表現 → 何らかの答えをちょっと与えると納得する

**小学校 高学年〜中学生**

●親が初めから問題解決的に聞くのは NG

ex. サッカーの試合に負けた子ども

①気持ちに共感する（→②アドバイス）

気持ちがわかってもらえないうちは聞けない
パス回しのスピードが遅かったな。あと、持久力を……
悔しいのに……
NG
わかってもらえれば……
① やー、惜しかったね！
共感
ギギィ〜
② 今度一緒にパス練習を…
うん、悔しい
OK

**ポイント** 子どもの気持ちにまず共感してからアドバイスする。

# 4 子どもの話を聞く②

## 内容ではなく、気持ちを聞く

『小さな村の物語　イタリア』というテレビ番組のなかに、親と子のこんなエピソードがありました。

### 黙って寄り添う

そのイタリアの村では、お昼になると、仕事や学校に出かけている家族が帰ってきて家でご飯を食べます。

ある家庭で、お父さんが先に帰ってご飯をつくっていると息子が帰ってきました。

お父さんがスパゲティを茹でながら、「どうだった?」と訊くと、息子が「今日は最低だったよ」と言います。

「それはついてなかったなあ。で、どうしたんだ?」と訊くと、「もういい」と言います。お父さんはそれ以上声をかけません。

番組のインタビュアーが、あとでお父さんに「どうしたんですか?」と訊くと、次のように答えました。

「ああいうふうに怒っているときは、黙っていたほうがいいんです。きっとしゃべりますよ」

### 親の気持ちを優先しない

そのお父さんは、「どうしたんだろう?」という自分の気持ちを優先せずに、息子さんの気持ちのところにいて、言いたくない気持ちに共感して黙っているのです。

そのうちお母さんも帰ってきて、「スパゲティができたから、食べるか」と三人で食べ始めます。

子どもの話は、内容ではなくて、気持ちを聞くことが大切であることを教えてくれる一場面でした。

## 子どもの気持ちに寄り添う

息子
父
おう、お帰り！どうだった？
あ～もう最低だよ
それはついてなかったなあ。で、どうしたんだ？
もういい
父はそれ以上声をかけない
●父の気持ち
どうしたんだろう？
●息子の気持ち
今はしゃべりたくない

**父は自分の気持ちより息子の気持ちを優先**

息子の気持ちに共感して黙っていた

**ポイント**

**子どもの話は、内容ではなく気持ちを聞くことが大切。**

# 5 親の話を聞く

## ◉親の気持ちになって聞く

親子の関係は年齢とともに変わっていきます。孫ができる年齢になると、親は子育ての役割や社会的な役割から降りていきます。

**話しながら人生をまとめる**

人は六〇歳半ばを過ぎたころから人生を振り返るようになります。

そうした親は昔のことを「ああだった、こうだった」と語り始めます。そんなときは親の気持ちになって聞くことが大切です。「昔はそんなことがあったんだろうけど、僕には関係ないよ」などと言わないようにします。

その親は話をしながら、自分の人生をまとめようとしているのです。

子どもは「また、その話か」と思うこともあるでしょうが、きちんと聞けば、そう何度も繰り返

小言
親意識はいつまでも
抜けない
大切なのは
一度「受けとめる」こと
やだもー
昔から
こうやる
もんよ～
そうか、そうやって
もらいたいんだね
そのあと
私は違うやり方で
やりたい
と言ってもいい

さないでしょう。ちゃんと聞いてもらっていないと思うと何度も言いたくなります。

親の話の内容は、昔聞いた話なので、面白くないかもしれません。しかし、そのときの親の身になると、前とは違った気持ちが伝わってきます。「今、ここ」の気持ちの交流が大切なのです。

## 小言を受けとめる

人には、ある年齢にならなければ話せないことがあります。罪悪感をもっていること、耐えがたかったことなど、ある時期が来なければ話せないことです。そんな話を聞いてもらうことで人生をまとめることができるのです。

一方、日常的なことでは、いつまでも親意識が抜けずに小言を言うかもしれません。

そんなときには、「受けとめる」が大切です。「そうか、そうやってもらいたいんだね」と一度受けとめ、それから、「私はそれはやらない」「私は違うやり方でやりたい」と言ってもいいのです。

### 大事な話と小言

**大事な話**

話すことで自分の人生をまとめる

人は60歳半ばを過ぎたころから人生を振り返り、親は昔のことを語り始める

**大切なのは** **親の気持ちになって聞く**こと

昔のことなんて僕には関係ないよ

などと言わない

「今、ここ」の気持ちの交流が大切

**ポイント** まずは一度、親の今の気持ちを受けとめる。

# 6 お年寄りの話を聞く

## ●話を受けとめることが大切

先日こんなケースに遭遇しました。認知症のお母さんと娘さんの例です。

### 「私の貯金通帳盗ったでしょ」

認知症のお母さんが、「あなた、私の貯金通帳盗ったでしょ」「どこに隠したのよ」などと言うようになりました。娘さんは「隠すわけないじゃない。自分でここに置いたのを忘れているだけでしょ」と言い返します。

娘さんは、「ちゃんと教えなくては」「覚えさせなくては」と思ってそう言います。

お母さんは、探してもみつからないから「盗られたのでは」と言ったのですが、「覚えてないの？」「困った人だ」と言われる。「あなたはバカだ」と言われているように感じます。

会話を成り立たせる
いちいち対応しない
話の受けとめ方
貯金通帳盗ったでしょ！
前にそう言ったとき、どこにあったっけ？
前は……机の上かな……
じゃ、そこを探そうか
盗ったでしょ！
盗ってないよ！と言い返す
NG
盗ったでしょ！
また言ってる…と無視する
NG
盗ったでしょ！
え、盗られたと思ったの？
と気持ちに寄り添う
OK

## いちいち対応しない

娘さんは、以前の健康な親を知っているだけに、現在の状態を認めたくないという葛藤《かっとう》があります。そんなときに有効なのは、いちいち対応しないことです。

お母さんが「あなた、盗ったでしょう」と言ったら、それを受けとめて「前にそう言ったとき、どこにあったっけ?」と返してみます。「前はここにあった」と覚えていれば、「じゃ、そこを探してみようか」となり、「そうか、ここにあったね」と会話が成り立ちます。

「盗られた」と言ったときに「私は盗ってないよ」というのはいちいち対応です。また、「また言っている」と無視するのも同じこと。

「あなた、盗ったでしょう」と言われたら、「えっ、盗られたと思ったの?」と気持ちに寄り添うところから始めるのです。

多くのお年寄りの場合でも、まず言葉を否定しないことが大切です。

### 認知症のお母さんと娘さんの例

あなた、私の貯金通帳
盗ったでしょ!
どこに隠したのよ
隠すわけないじゃない。
自分でここに置いたのを
忘れているだけでしょ!
認知症の母
娘
この対応は……
NG

ポイント 言葉のやりとりでなく、会話することを意識する。

# 7 初対面の人の話を聞く

## ◉話題のヒントを探しながら聞いていく

初対面の人とは、自分を知らせよう、相手をわかろうとする会話が基本です。

### 適度に自己開示する

安全な会話を心がけて、相手が傷つくようなことや、話したくないようなことには触れません。そして適度に自己開示をします。ただし、長々と自分の話をしないこと。話すことに熱中すると「聴く」がおろそかになります。

初対面では、あちこち話が飛んでもかまいません。話題のヒントを探しながら聞きます。

相手が北海道出身だと自己紹介したときは、「北海道といえば、日本ハムファイターズ強いですね」と話を振ってもいいでしょう。その人が日ハムファンなら、会話がどんどん進むかもしれません。野球に興味のない人なら、北海道関連でほかの話題を振ってみましょう。

### 距離感をはかる

最近は個人情報を気にする人もいて、会話の糸口がつかみにくい場合もあります。

しかし、アサーションの原則の一つに次の言葉があります。「誰かと話をするときは、自分について知られることは覚悟する」というものです。たとえ黙っていても「黙っている人」ということはわかります。

適度な自己開示をしてもらいつつ、アサーティブな会話を進めていきましょう。

初対面でいい感触が得られたら親しくなれるし、そうでなければある程度の距離を保ちながらつき合うことになります。それをはかるために必要なのが「聴く」なのです。

## 話題のヒントを探す

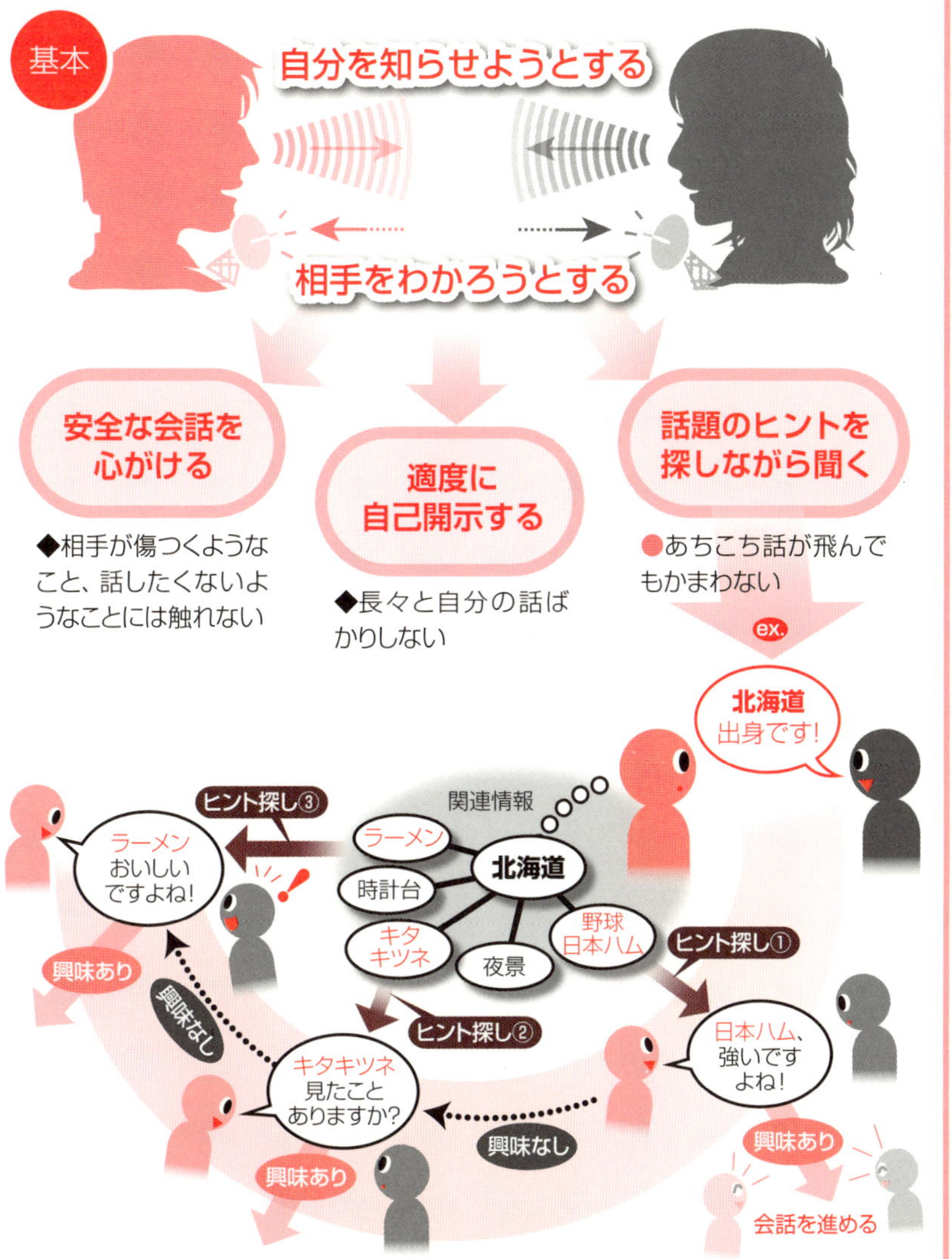
基本
自分を知らせようとする
相手をわかろうとする
安全な会話を心がける
◆相手が傷つくようなこと、話したくないようなことには触れない
適度に自己開示する
◆長々と自分の話ばかりしない
話題のヒントを探しながら聞く
●あちこち話が飛んでもかまわない
ex.
北海道出身です!
関連情報
北海道
ラーメン
時計台
キタキツネ
夜景
野球日本ハム
ヒント探し①
日本ハム、強いですよね!
興味あり
会話を進める
興味なし
ヒント探し②
キタキツネ見たことありますか?
興味あり
興味なし
ヒント探し③
ラーメンおいしいですよね!
興味あり

ポイント

**自分を知らせよう、相手をわかろうとする会話が基本。**

# 8 部下の報告を聞く

## 聞き上手の上司のもとで部下はよく育つ

上司が部下の報告を聞くときは、その内容を知るだけでなく、気持ちを理解した相づちがどれだけ打てるかがポイントになります。

### 部下の思いに合いの手を入れる

「ああ、相手は黙ったか」「そこで、きみは質問したわけだね」などと合いの手を入れていると、「話を聞いているよ」という合図になります。

話の内容だけでなく、部下の思いに対しても「それは大変だったろう」と、いたわりの言葉がけをすると、関係がつくられていきます。

相づちを適切に入れると、「自分のことをよくわかってくれている」「この上司は信頼が置ける」という気持ちが、部下のなかに芽生えていくでしょう。

報告を聞くだけでは、部下との関係が希薄になる可能性があります。

最近は職場の人間関係がビジネスライクになって、退社後にお酒を飲みに行く機会が少なくなっていると聞きますが、一緒に飲食することにも意味があります。

### 人間関係に油をさす

そうした気の置けないかかわりのなかで、その人らしさに触れるチャンスが得られます。

気心が知れている人たちとの仕事は、よくはかどります。人間関係にもメンテナンスが必要なのです（第6章の1参照）。

会話における合いの手、そして「聴く」ことが、まさしくメンテナンスです。人間関係に油をちょっとさすのです。部下は、聞き上手の上司のもとでよく育ちます。

## 部下の話の聞き方

**Point!**

**内容を知る** ＋ **気持ちを理解した相づちを打つ**

「ああ、相手は黙ったか」
「そこで、きみは
質問したわけだ」
「話を聞いている」という合図
「それは大変
だったろう」
いたわりの
言葉がけ
適切な
相づち
自分のことをよく
わかってくれている……
上司の信頼度アップ

**一緒に飲食することにも意味がある**

上司
部下
その人らしさに
触れるチャンス
気心が知れている
人たちとやる仕事は
よくはかどる！

**「聴く」こと＝人間関係のメンテナンス**

**ポイント** 部下の気持ちを理解した相づちを打とう。

# 9 上司の指示を聞く

## ●自分の事情を伝えてもいい

部下は上司の指示を「はい、はい」とすべて引き受けるのではなく、自分の事情を伝えてもいいのです。その前提は、上司の状況も理解しながら、対応すること。

### 上司の大変さを理解しつつ

たとえば、「一〇分前に仕事が発生したんだ。終業間際に申し訳ないんだけど、残業してくれないか」と上司が言います。

部下は上司の状況が理解できました。さて、部下の事情は何でしょうか。

仕事の場で、個人的な事情をもち出してはいけないとはかぎりません。「今日は娘の誕生日で早く帰ることになっているんです」と言ってから、上司の意見を聞きましょう。

ここで、上司もあなたもどうすればいいか考え

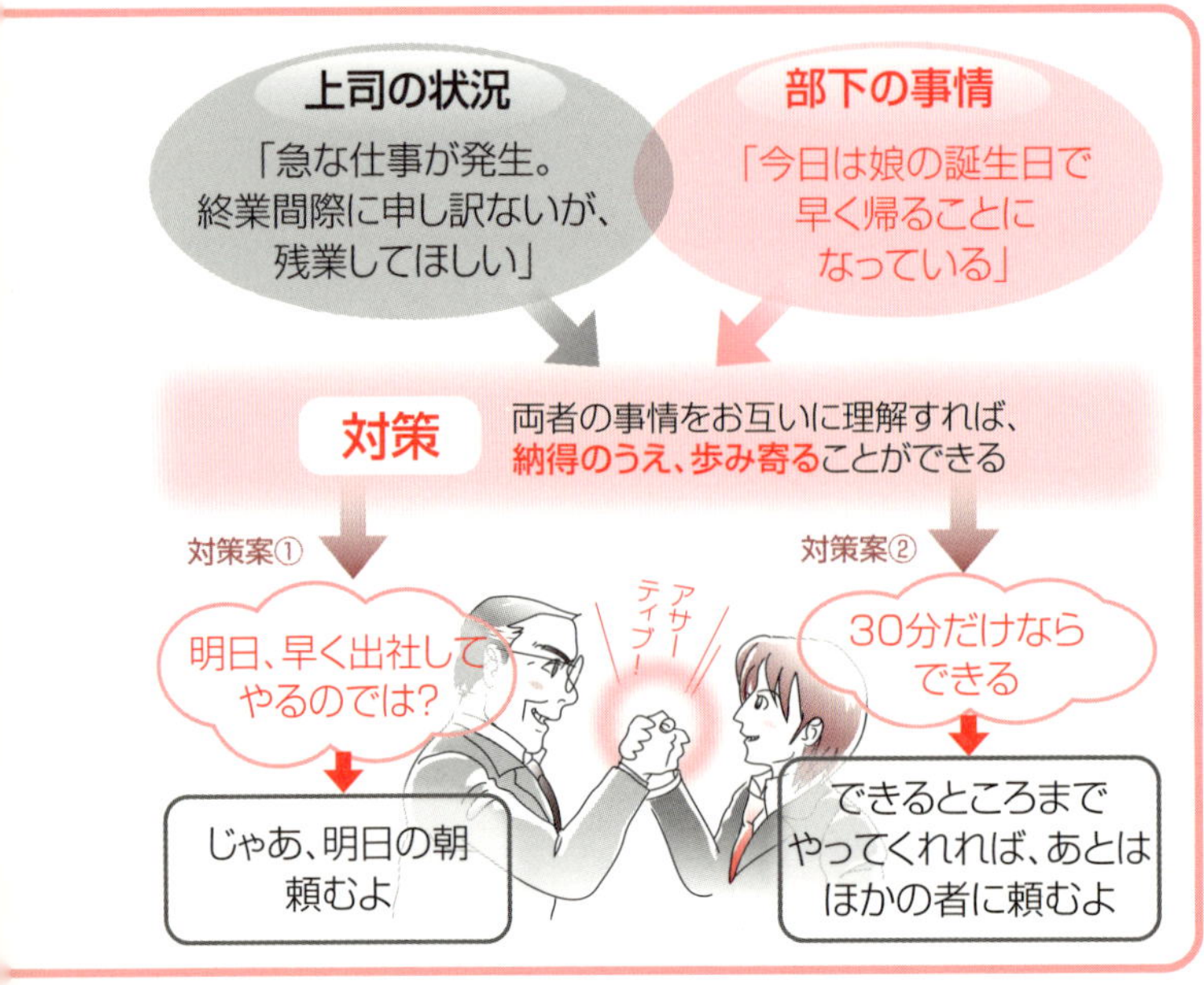

上司の状況
「急な仕事が発生。終業間際に申し訳ないが、残業してほしい」
部下の事情
「今日は娘の誕生日で早く帰ることになっている」
対策
両者の事情をお互いに理解すれば、納得のうえ、歩み寄ることができる
対策案①
明日、早く出社してやるのでは?
じゃあ、明日の朝頼むよ
アサーティブ!
対策案②
30分だけならできる
できるところまでやってくれれば、あとはほかの者に頼むよ

ることになります。

すると、「明日、早く出社してやるというのでいいですか」「三〇分だけならできます」といった対策が出てくるかもしれません。上司も「じゃあ、明日の朝頼むよ」とか「できるところまでやってくれれば、あとはほかの者に頼むよ」と両者が歩み寄ることができます。

## 恩に着せる言い方をしない

大切な用事があるときには、事情を伝えて、引き受けることもあります。「地方から友人が出てきて夕飯を食べることになっているのですが、一時間延ばしていいです」と言うと、上司は部下の状況が理解できます。

ただし、同情を引くような、あるいは恩に着せるような言い方はやめましょう。自分が決断をしたのですから、上司のせいにしないで、その決断の責任は自分で負うこと。友人に謝るときも自分の決断として伝えます。

### 残業を引き受けるとき

**部下は上司の指示をすべて引き受けるのではなく、自分の事情を伝えてもいい**

仕事の場で、個人的な事情をもち出してはいけないとはかぎらない

★この場合……

●上司の状況も理解しながら対応する

◆恩に着せるような言い方はしない

ちょっといいかな……
なんでしょう部長

ポイント

**個人的な事情を話せばお互いに歩み寄れる。**

## 10 「特別な時間」を設けて聞く

### よく「聴く」ために

人の話をよく聞こうとするときには、特別な時間を設けることを考えましょう。

**誕生日という特別な日に**

ある家庭の例を挙げましょう。

子どもが三人いるその家庭では、一年に三回特別な時間を設けています。

それは、それぞれの子どもの誕生日に、その子どもだけを連れて出かけて、誕生日プレゼントを選ばせ、そのあとに喫茶店で時間を過ごすというものです。

喫茶店では、お茶を飲んだりパフェなどを食べたりしながら、子どもの話を聞きます。

最近どんなことがあったのか、どんなことが楽しいのか、将来どんなことがしたいのか。

ほかのきょうだいがいないところなので、いつもと環境が違います。

子どもは家庭では話さないことも話題にするそうです。

**「聞くための時間」をつくる**

こうして、誕生日という特別な日に、子ども一人ひとりの話に耳を傾けるそうです。

慌ただしく過ぎていく日常生活のなかでは、子どもの話をじっくり聞くことはなかなか難しいものです。

だからこそ、このときを大切にすることで、日頃の思いが通い合うのでしょう。

このような特別な時間を、夫婦で、家族で、そして上司と部下の間でもつことができれば、私たちはもっとよく「聴く」ことができるのではないでしょうか。

## 特別な時間を設ける

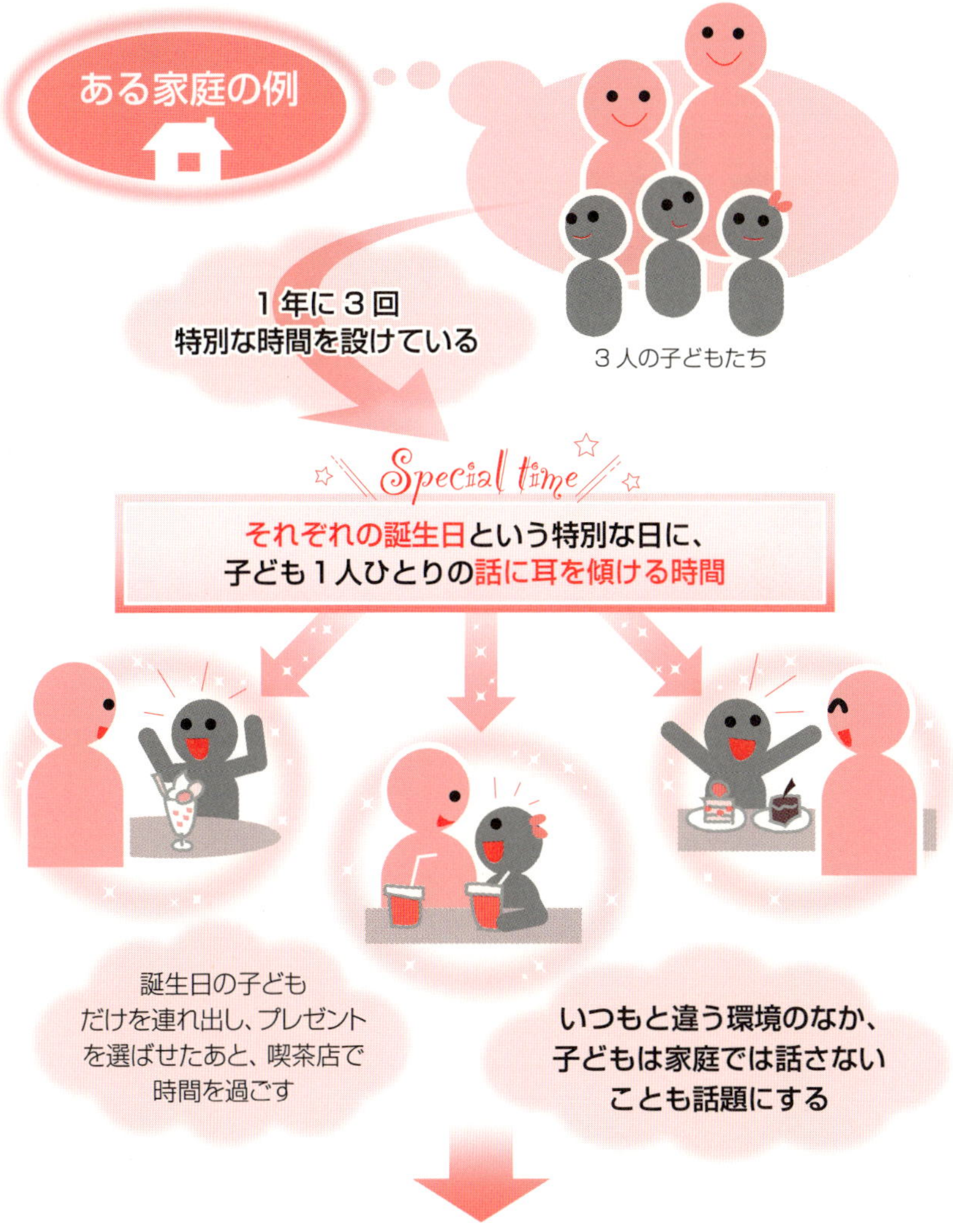
ある家庭の例
1年に3回
特別な時間を設けている
3人の子どもたち
Special time
それぞれの誕生日という特別な日に、
子ども1人ひとりの話に耳を傾ける時間
誕生日の子ども
だけを連れ出し、プレゼント
を選ばせたあと、喫茶店で
時間を過ごす
いつもと違う環境のなか、
子どもは家庭では話さない
ことも話題にする

**このときを大切にすることで、日頃の思いが通い合う**

ポイント　**ときにはじっくり話を聞く時間を設けよう。**

# 11 耳を傾けるのに適切な時間

## 四五〜六〇分の時間をみつけよう

夫婦の間で、親子の間で、あるいは上司と部下との間で、相手の話に耳を傾ける時間をもつことができれば、人間関係はより快適なものになっていくと思われます。

### 相手の話をじっくり聞くには

相手の話に耳を傾けるには、長い時間を確保する必要があるのではないか、そして、自分の多くの時間を割くことが相手に対する親切ではないか、と考えるかもしれません。

しかし、「聴く」ことは、集中力もエネルギーもいる大変な作業です。

話の途中で、真剣に相手の話に耳を傾けることができなくなったという経験をもつ人もいるのではないでしょうか。

もし、あるケースについて相手の話をじっくり聞こうとするなら、四五〜六〇分の時間が適当です。じつはこれはカウンセラーがクライエントにカウンセリングを行う時間です。

カウンセリングでは通常、四五〜六〇分の時間を設け、必要以上の時間はとりません。

### お互いに疲れない程度の時間で

四五〜六〇分という設定には二つの理由があります。

一つは、一つのテーマについて話すのに適切な長さであること。

二つめは、真剣に話をするので、それ以上は、話すほうも聞くほうも集中できなくなるから。

つまり、生活や仕事のなかで、四五〜六〇分ほどの時間がとれれば、人の話にじっくり耳を傾けることができるということです。

## 話を「聴く」ための時間

**相手の話をじっくり聞こうとするなら、**
**45～60分が適当**

**カウンセラーが**
**カウンセリングを行う時間**

１つのテーマに
ついて話すのに
適切な長さ

話すほうも
聞くほうも
集中を維持できる
疲れない長さ

つまり

**日常生活のなかで、45～60分ほどの時間がとれれば、**
**人の話にじっくり耳を傾けることができる**

ポイント

話を「聴く」には
長時間確保する必要はない。

第6章

# さまざまなタイプの人の話を聞く

# 1 「聴く」ことは心のメンテナンス

## 「心の健康の維持」に大切なこと

「聴く」ことは心のメンテナンスになります。このメンテナンスとは「心の健康の維持」です。

### 平常の心の状態に戻す

メンテナンスは、「修理」という意味があるように、平常の状態に戻す作業のことです。会話においては、聞いてもらってわかってもらうと落ち着いた心の状態でいられます。「聴く」はまさにメンテナンスの作業なのです。

ところが現代は、このメンテナンスをしない社会になっています。「速く、たくさん、完璧に」が求められる成果主義の社会では、人々は疲れ切っています。

ところが、メンテナンスがある社会では「聴く」があちこちで活きています。「お疲れ様」「大変でしたね」「頑張りましたね」という言葉が交わされる社会です。

### わかってもらうことの大切さ

私のもとにカウンセリングにやってくる人たちの訴えのほとんどは「仕事ができない」のではなく、「わかってもらえない」というものです。上司、仲間、妻、夫などから「やるべきことをしてくれれば、あなたには関心がない」と言われているかのような気持ちなのです。

カウンセリングで自分の思いをわかってもらえると、それだけで自分を取り戻すことも少なくありません。

人は、相手にわかってもらえないとき、「自分がおかしいのか……」と自信がなくなります。わかろうとして「聴く」ことで、その人に心の安定がもたらされるのです。

## メンテナンスがある社会・ない社会

◎メンテナンス＝「修理」「平常の状態に戻す作業」

**会話におけるメンテナンス** ＝ **「聞いてもらってわかってもらい、落ち着いた心の状態を維持する」**

**「聴く」はまさにメンテナンスの作業**

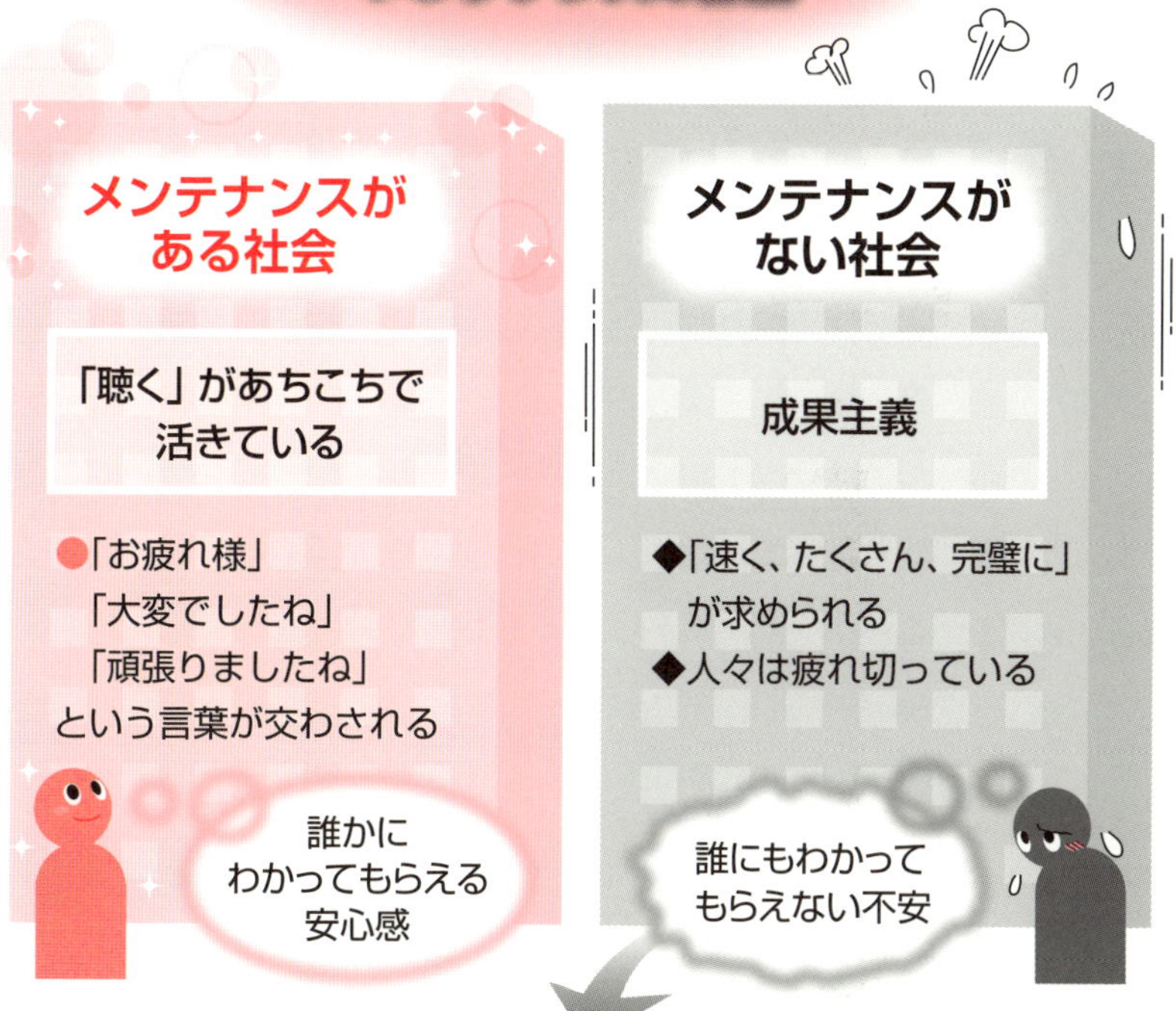
メンテナンスがある社会
「聴く」があちこちで活きている
●「お疲れ様」
「大変でしたね」
「頑張りましたね」
という言葉が交わされる
誰かにわかってもらえる安心感
メンテナンスがない社会
成果主義
◆「速く、たくさん、完璧に」が求められる
◆人々は疲れ切っている
誰にもわかってもらえない不安

**人は、相手にわかってもらえないとき、「自分がおかしいのか……」と自信がなくなる**

ポイント

**「聴く」ことで、人に心の安定をもたらすことができる。**

# 2

## 話し下手な人の話を聞く

### 相づちや合いの手をうまく入れる

話し下手にはいろいろあります。

順序立てて話をすることに慣れていない人、適切な言葉がうまく出てこない人。

話の途中でほかの話題に飛んでしまう人や、親しくない人の前では緊張して何を話していいかわからなくなる人もいます。

**わかったことを要約して返す**

こうした「うまく話せない人」の話を聞くときは、まず、あせらずに、しばらく相手の話に耳を傾けましょう。

そして、一段落したら、わかったことを要約して返します。

それが合っていれば、相手は「この人はわかってくれたんだな」と思ってほっとします。

もし、こちらの理解が違っているときには、相手は言い直すことができます。

このように、話し下手な人に対しては、「私、こんなふうにわかったよ」という合図を入れてみましょう。

**相手に安心を与える**

子どもの話もそうです。ああ言ったりこう言ったり話がまとまりません。

そんなときにも、「お父さんと散歩に行って楽しかったんだ」などと理解を示すと、子どもが「うん」と言ったり、大きくうなずいたりします。子どもはわかってもらえてうれしくなります。

このように聞き手が理解を示すと、子どもも、上手に話ができない人でも、少し頑張って話す気が出てきて、安心すると、話すのが上手になっていきます。

## 「話し下手な人」の話の聞き方

■話し下手な人とは……
順序立てて
話をすることに
慣れていない人
適切な言葉が
うまく出てこない人
話の途中で
ほかの話題に
飛んでしまう人
緊張して
何を話していいか
わからなくなる人
など……
ゆっくり
ゆったり
●話を聞く側は……
あせらずに、
しばらく相手の話に
耳を傾ける
一段落したら、
わかったことを
要約して返す
要約が
合って
いる
「この人はわかって
くれたんだな」と
思ってほっとする
ホッ
?
要約が
間違って
いる
言い直すことが
できる
ええと…
そうじゃ
なくて……

**ポイント** 「ここまでわかった」の合図を入れながら聞く。

# 3 寡黙な人の話を聞く

## ◉「話が聞きたい」という気持ちを伝える

寡黙な人のなかには、話すのは苦手だけど、人の話を聞くのは好きという人がいます。そんな人に対しても、ときには「話が聞きたい」と言ってみてもいいでしょう。

### 「話が聞きたい」と言ってみる

「あなたの考えを知りたい」「気持ちを聞かせてほしい」と自分の気持ちを伝えてみます。

「話してください」ではなく「聞きたい」と伝えましょう。

「話してください」と言うと、命令されているように感じて、「うまく話せないし……」と退いてしまうかもしれません。

あなたの「知りたい」「聞きたい」という気持ちが伝われば、「この人の期待に応えよう」と思ってくれるかもしれません。

「話が聞きたい」
この人の期待に応えよう
あなたの考えを知りたい
プレッシャーなし
気持ちを聞かせてほしい

「話さなくては」というプレッシャーから自由になったとき、話したいときに話せるようになる

## プレッシャーを取り除く

あるアサーション・トレーニングでこんなケースがありました。

一緒に参加した会社の同僚から「黙ってばかりいないで話せ」と言われる寡黙な人がいました。

「話さないことを選択してもよい」という話をしたセッションで、彼はふとこう言いました。

「私は話さないことを選択していたんですね。みんなから『話せ、話せ』と言われて、よけいに話せなくなっていたのですが、『話さないという選択もある』と聞いて、黙っているときはそれをしているんだとわかりました」。そう言ったあと、彼は自然に話し始めました。

「話さなくては」というプレッシャーから自由になったとき、話したいときに話せるようになったのです。

そうして、話し出すと深く考えていた話をします。みんなの話をじっくり「聴く」ことで、考えを深めることができたのです。

### 寡黙な人に話してもらう方法

「話してください」
命令されているように感じる
プレッシャー
あなたの番ですよ
早くしてください
プレッシャー
うまく話せないし……
話さなくては

ポイント
「話してください」ではなく、「話が聞きたい」と伝える。

# 4 おしゃべりな人の話を聞く

## 途中で質問や感想をひと言入れてみる

相手構わず一人でベラベラとしゃべる人がいます。まるで独演会です。

話が面白いのでずっと聞いていたいのならともかく、もし途中で口を挟みたくなったら、「ちょっといいですか」と止めたり、時間が許さないときは「短く話していただけますか」と言ってみてもいいのです。

### 途中で合いの手を入れる

一人でしゃべり続ける人には、「ちょっといいですか」と言って、止まってくれたら、自分が言いたいこと、質問や感想をひと言入れてみましょう。

このように、話の途中で合いの手を入れると、二人のやりとりになる可能性が高くなります。

電話でも、一方的にずっとしゃべり続けている人がいます。

そんな人に対しては、「それで？」「ちょっといい？」などと合いの手を入れながら聞いていくと、しゃべりっぱなし聞きっぱなしにならないでしょう。

### 早口の人には「ゆっくり」と頼む

早口の人もいます。

話の展開についていけないときや、聞きとれなかったときには「ゆっくり話してください」と頼んでみましょう。

そうは言っても、ふだんから早口の人は、ゆっくりしゃべり始めても、また早口になってしまいます。ときどき「ゆっくり」と伝えなくてはならないかもしれません。それもアサーティブな会話には必要なことです。

## しゃべりっぱなしを止める方法

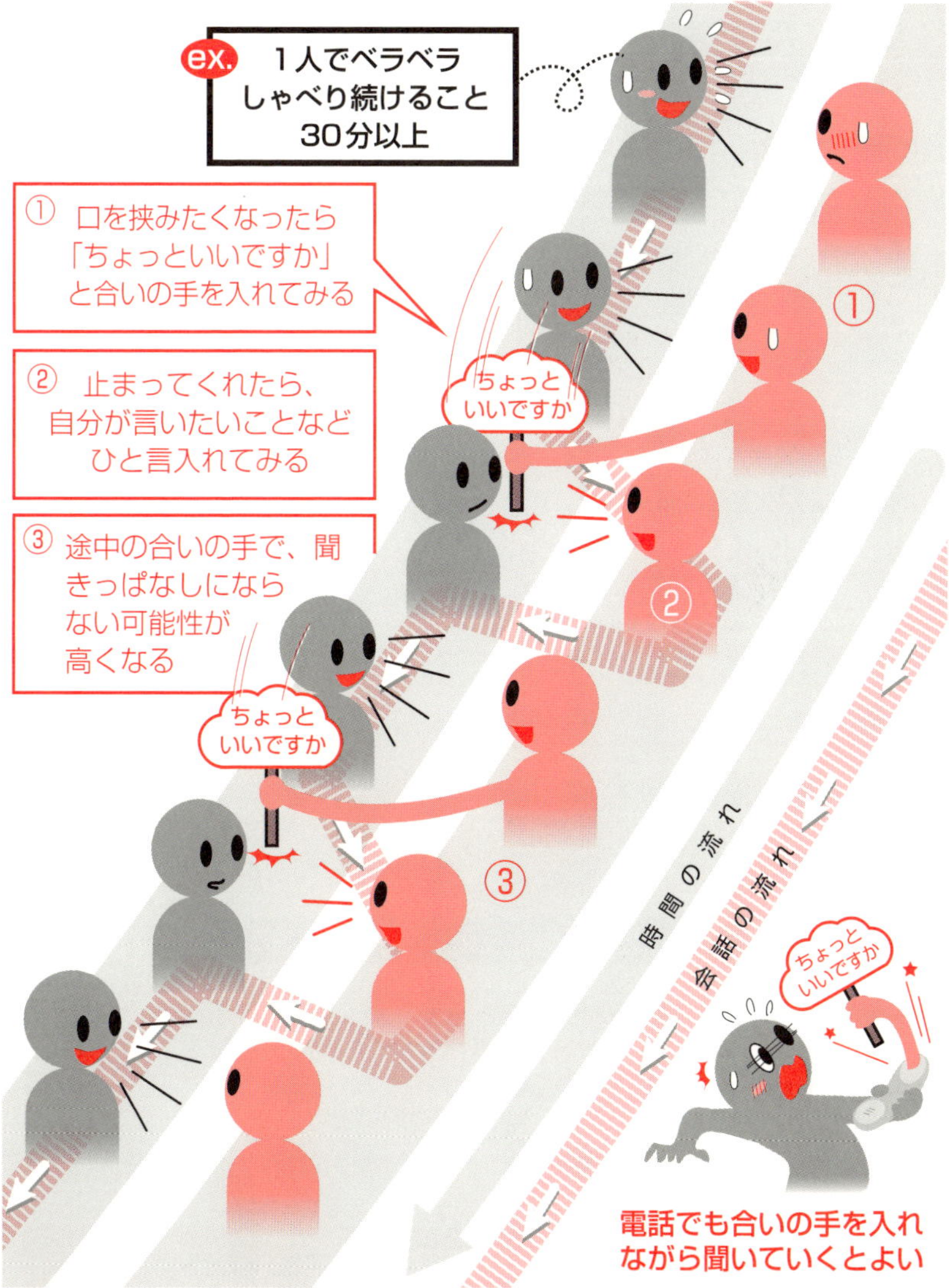
ex.
1人でベラベラ
しゃべり続けること
30分以上
① 口を挟みたくなったら
「ちょっといいですか」
と合いの手を入れてみる
② 止まってくれたら、
自分が言いたいことなど
ひと言入れてみる
③ 途中の合いの手で、聞
きっぱなしになら
ない可能性が
高くなる
ちょっと
いいですか
①
②
ちょっと
いいですか
③
時間の流れ
会話の流れ
ちょっと
いいですか
電話でも合いの手を入れ
ながら聞いていくとよい

**ポイント** 話の途中で合いの手を入れていく。

# 5 落ち込んでいる人の話を聞く

●同感せずに、共感しながら聞く

落ち込んでいる人に対しては、その人の気持ちに寄り添って話を聞くことが基本です。落ち込んでいる状況に対して、理解を示す言葉かけをしながら聞きます。

## 一緒に落ち込まない

大切なことは一緒に落ち込まないこと。

相手は、一緒になって同感されると助かることもありますが、これでは、二人で溺《おぼ》れることにもなりかねません。

一緒に落ち込むのは相手にとって助けにならないばかりか、相手は「自分の大変さに巻き込んで申し訳ない」と思って、いっそう気持ちが沈むかもしれません。

こちらが大丈夫なところを保ちながら共感していると、相手は話を聞いてもらえたぶんだけ気持

NG

「じつは私も大変で……」など**自分の話をもち出して共感を伝えようとしない**

相手は、自分の思いを伝えるチャンスを失う

●話に共感しながら、「あなたの気持ちは理解しているけれども、私は私の場所にいて、力を出せますよ」という雰囲気で聞くことが大切

同感では2人で溺れる
ことにもなりかねない
good!

ちが軽くなります。

しかし、「大変だったねえ」などと言いながら、「じつは私も大変で……」と自分の話をもち出して共感を伝えようとしてはいけません。

相手は、自分の思いを伝えるチャンスを失うでしょう。

## 共感しながら聞く

落ち込んでいる人に対しては、話に共感しながら、「あなたの気持ちは理解しているけれども、私は私の場所にいて、力を出せますよ」という雰囲気で聞くことが大切です。

一緒に落ち込むのは同感や同情です。共感は、相手の気持ちを理解しながら、自分は同じところにいない。相手と同じ状態にならずに、わかろうとすることです。

「さぞかし大変だろう」と相手の身になりながら、「同じ状態にいない私が、あなたを支えたい」という態度を伝えることが大切なのです。

### 同感でなく、共感する

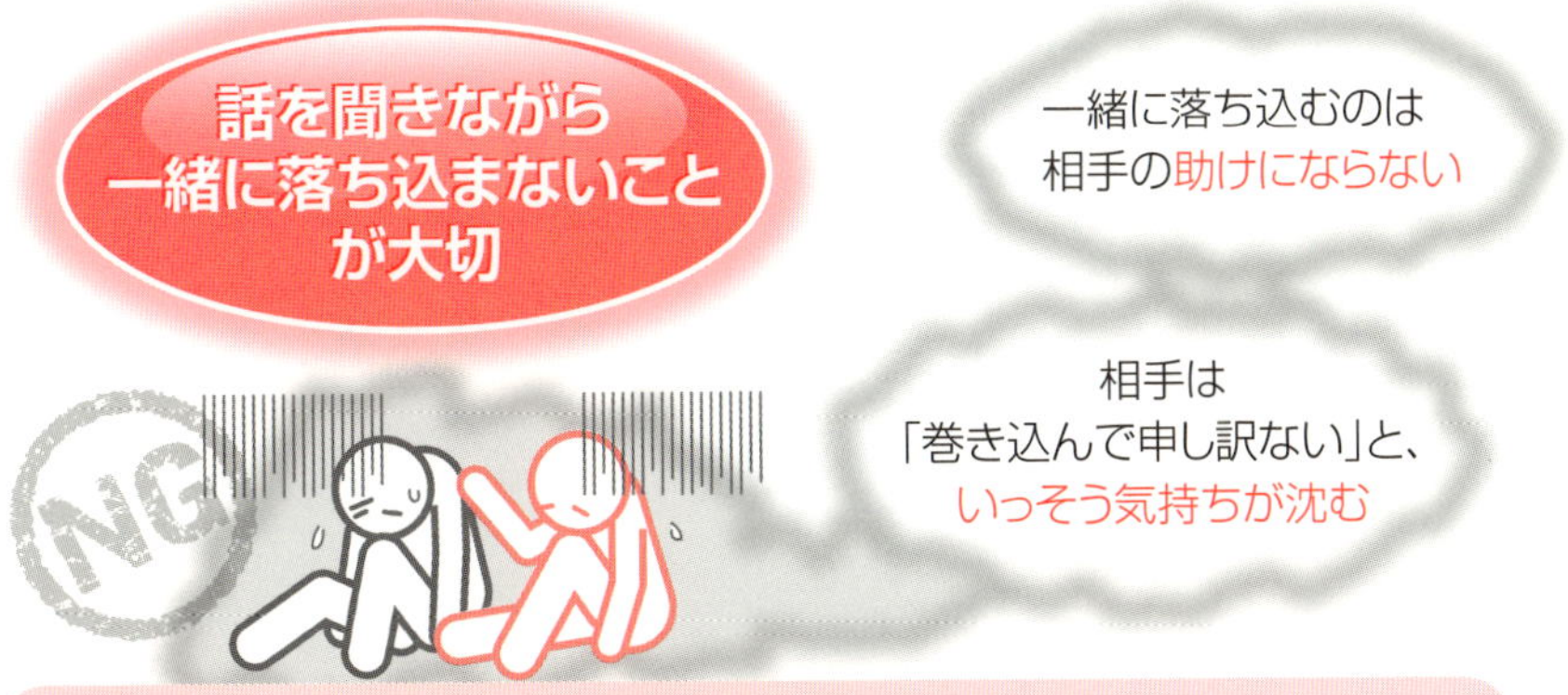
話を聞きながら
一緒に落ち込まないこと
が大切
一緒に落ち込むのは
相手の助けにならない
相手は
「巻き込んで申し訳ない」と、
いっそう気持ちが沈む
NG

ポイント
**相手の気持ちに共感しながら、相手と同じ状態ではない。**

# 6 怒っている人の話を聞く

## ピンチの状況を理解しようとする

人はピンチに立たされて、苦しみから自分を守らなくてはならないときに怒ります。

### 人はピンチのときに怒る

ピンチなのですから、周囲にそれをわかってもらいたいのですが、人はピンチのとき、「相手を攻撃する」か「逃げる」かを選んで自分を守ろうとします。

「相手をやっつけて自分のピンチを救おう」と思えば大きな声で攻撃することになり、「勝てそうもない」と思ったら黙る、あるいはその場を去ることになります。

犬の行動はわかりやすいでしょう。大きな犬と小さな犬がすれ違うときに、「怖い」と言って、キャンキャンと吠えるのは小さいほうです。大きい犬は「そうか」と黙って通り過ぎます。

ただ、人間は怖いときに怒鳴ったりします。怒鳴られると、こちらも怖くなるから怒鳴り返す。相手の怒りに伝染してしまうので、攻撃して返すことで、怒りの応酬が始まります。犬のように「怖い」と言えば収まるかもしれないのですが、相手を排除しようと怒鳴るのです。

### 自分の気持ちに正直になる

怒鳴っている人の気持ちの奥には、「怖さ」「悲しみ」「失望」などさまざまな思いがあります。それらの気持ちがわかれば、聞いた相手は「どれどれ」と、ピンチの状況を理解しようという気になりやすいでしょう。

怒鳴っている相手を排除しようとするのではなく、その奥にある正直な気持ちを見通すと、わかり合う道ができます。

## 怒鳴っている人の気持ちの奥

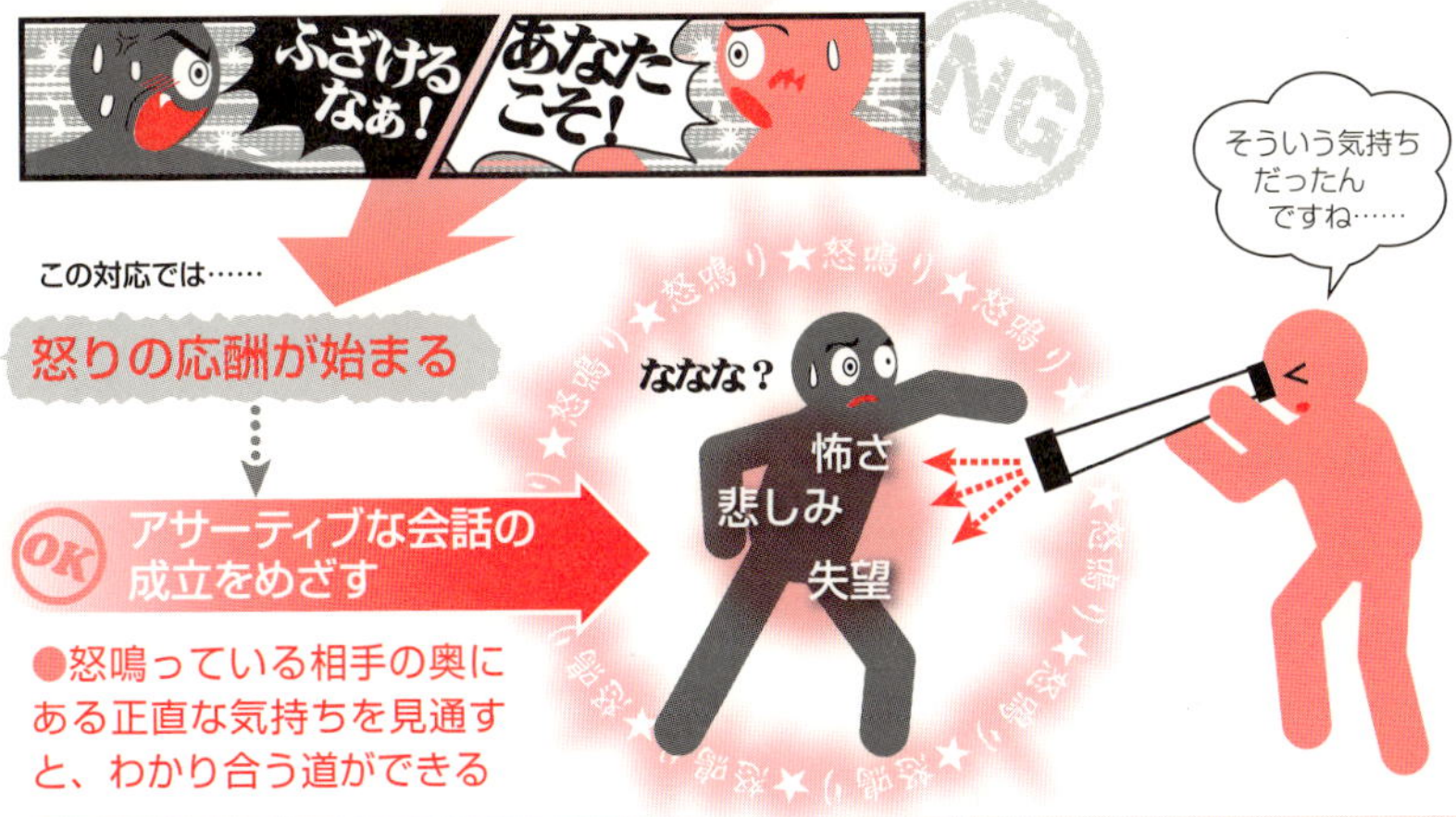
ふざけるなぁ！
あなたこそ！
NG
そういう気持ちだったんですね……
この対応では……
怒りの応酬が始まる
OK
アサーティブな会話の成立をめざす
●怒鳴っている相手の奥にある正直な気持ちを見通すと、わかり合う道ができる
ななな？
怖さ
悲しみ
失望
★怒鳴り★怒鳴り★怒鳴り

ポイント 怒鳴っている相手を排除しようとしない。

アサーティブな会話は、自分の気持ちに正直になることで成立しやすくなります。

**怒っているようにみえる人**

「怒ることが癖になっている人」がいます。単なる不快感を怒りに転化することが癖になっている人です。

声が大きくて、いつも怒っているように聞こえる人もいます。私が自動車教習所に通っていたときの教官がそうでした。いちいち怒っているようなのでビクビクして、うまく運転できずにエンストしたりしていました。

そこである日、「突然、大きな声で言われると怖いんですけど」と言いました。すると、「俺は声が大きいからなあ。気をつけるけど」という返事。それを聞いて私は楽になりました。

相手が怒っているときに、怖いのならその気持ちを素直に伝えると、配慮してくれる可能性が得られたり、悪気ではないことがわかることもあります。

# 7 愚痴を聞く

## ――「その通り!」という思いで聞く

愚痴を聞くときには、相手の気持ちにのって聞くことが大事です。「そうだ、あなたの言い分はもっとも!」「あなたが怒るのは無理もない!」という気持ちで聞きます。アドバイスめいたことを言わないことが肝心です。

**相手の気分をすっきりさせる**

たとえば、こんな具合です。

「今日、バスに乗るときに運転手に『いくらですか』って訊いたら、『さあね』って言うのよ。乗車券を取るバスだったのね。それにしても、『その対応はないでしょう』と言いたかった。でも、ケンカしてもしょうがないと思って、すごすご後ろに行ったんだけどさ」

「そんなバス会社、どこの会社なの?」

「○×バスだった」

「運転手の名前は?」

「うん、ちゃんと見た」

「バス会社に電話かけて『×○という運転手は、こんな対応をしました。おたくはどんな教育をしてますか』って言ってもいいよね」

こういう具合にのって聞いてもらえると、すっきりするでしょう。

**相手を責めない**

急いでいるとき、エネルギーがないとき、アサーティブな対応ができないことがあります。

愚痴というのは、やむを得ずアサーティブな対応ができなかったとき、聞いてもらいたい話です。クレーム対応のように、理不尽な物言いに耐えなくてはならないこともあります。そんなとき、愚痴を聞いてくれる人がいると助かります。

## 愚痴はのって聞く

**愚痴を聞くときの心得**

「そうだ、あなたの言い分はもっとも！」「あなたが怒るのは無理もない！」という気持ちで聞く

アドバイスを**しない**ことが肝心

「それはよくない」などと言わない

ex.
ねちょっと聞いてよ！今日、バスに乗ったんだけど……
カクカクシカジカ
結局は私の誤解だったんだけど……でもお客様に対してあんな対応、ひどいと思わない？
フムフム
聞く人のとるべき態度は……
ク〜
イライラ
あんたどっちのみかた？
そりゃ君のハつ当たりってもんでしょ？
VS.
NG
◆愚痴にのらない
ぬ〜
イラ
イラ
まあまあそういうときはお互い冷静になってさ……
ボクから一言アドバイスさせていただきますとですね……
VS.
NG
◆アドバイスする
スッキリ〜
なにそれ、どこのバス会社？
運転手の名前見た？
クレームの電話入れちゃおっか!?
VS.
OK
●のって聞いてあげる→すっきりする

**ポイント** 愚痴に対してはアドバイスしないこと。

# 8 謝る気持ちを聞く

## ◉「人間は過ちを犯す」ことを忘れずに

謝罪には、軽く「すみません」と言う場合や、心の底から謝る場合など幅があります。

### 受けとめ、赦す

謝るという行動は、アサーションの「人は失敗するもの」という考え方につながっています。神ならぬ人間は不完全なものだから、誰しも失敗したり過ちを犯したりします。

人は、自分が不完全なことによって犯してしまった過ちについて謝ります。その過ちは、何らかの形で償えることもありますが、完全に償えないこともあります。

たとえば、交通事故で死亡事故を起こしたとき、償いをしようにも生き返らせることはできません。そんなとき人ができることは、心の底から謝罪の気持ちを伝えることです。

心の底から謝ることは、人間だからできるアサーションです。

そんな謝罪の言葉を聞いたとき、きちんと受けとめましょう。

過ちを謝り、それを受けとめるやりとりこそアサーティブな人間関係です。

過ちを責めるのは、後ろ向きな問題解決です。きちんと「謝り」、しっかり受けとめて「赦《ゆる》す」積極的な対応こそ、過ちを防ぐことにもつながります。

### 言い訳を聞く

人は謝りたいとき、そのチャンスを必要としています。そんな相手に、どんな思いでいるか、十分話してもらいましょう。

言い訳も聞きます。言い訳をしてくれたほう

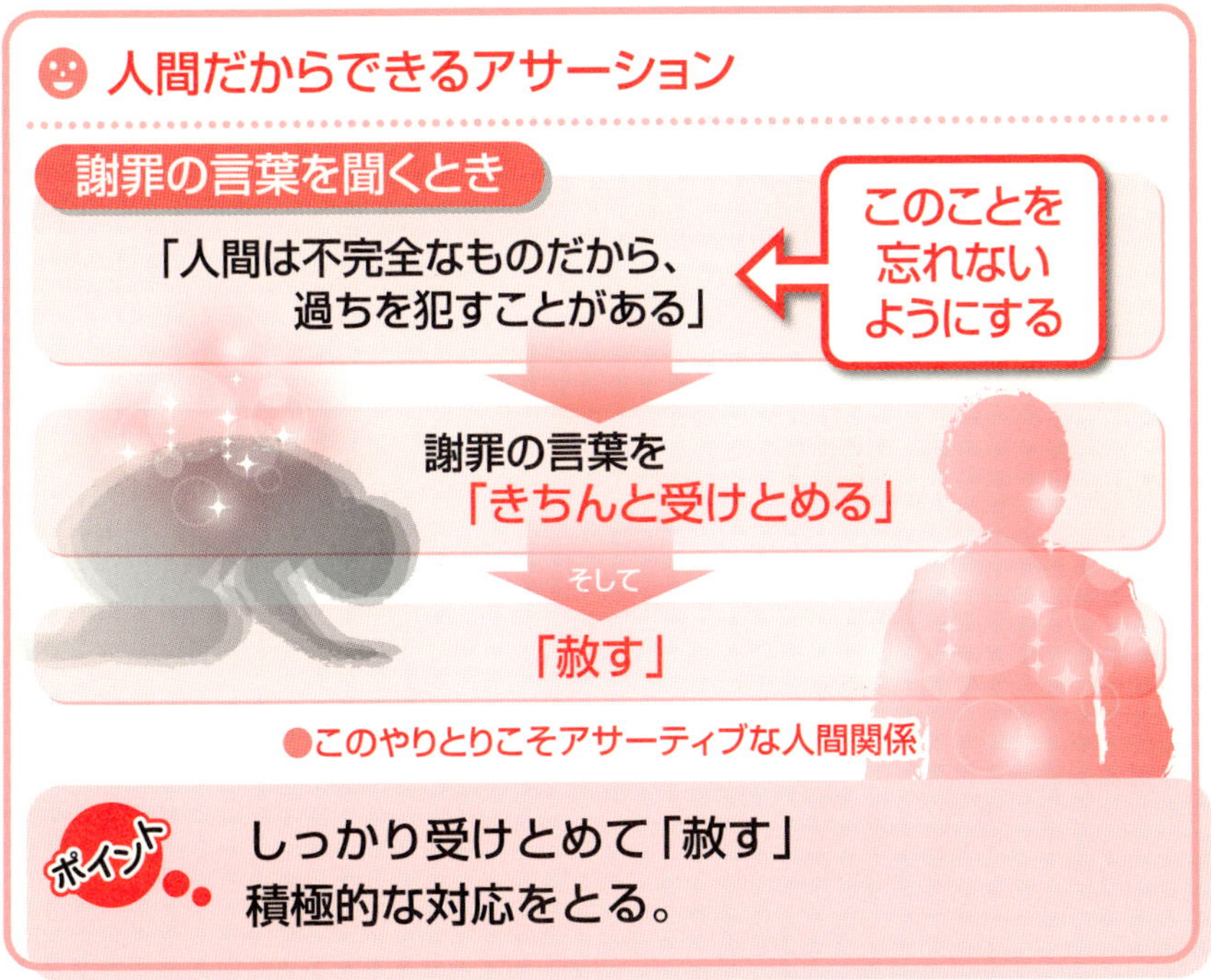
人間だからできるアサーション
謝罪の言葉を聞くとき
「人間は不完全なものだから、過ちを犯すことがある」
このことを忘れないようにする
謝罪の言葉を「きちんと受けとめる」
そして
「赦す」
●このやりとりこそアサーティブな人間関係
ポイント
しっかり受けとめて「赦す」積極的な対応をとる。

が、事情がわかることもあります。

たとえば、「遅れてすみません」だけではなくて、「電車が止まったので」と言ってくれると事情がわかります。

子どもが何か失敗したときに、「言い訳はいらない」と言う親がいます。

すると、子どもは畏縮《いしゅく》して、うまくいかなかった理由や、残念な思いなどが伝えられません。そこには救いがありません。

## 人間は不完全なもの

日本人には、完璧を求める国民性があります。ものごとを安易に考えないことはいいのですが、そのぶん失敗に対して厳しくなる傾向があります。

謝罪の言葉を聞くときには、「人間は不完全なものだから、過ちを犯すことがある」ということを忘れないようにしたいものです。

〈著者略歴〉
**平木　典子**（ひらき・のりこ）
1959年、津田塾大学英文学学科卒業後、ミネソタ大学大学院に留学し、カウンセリング心理学を専攻（教育心理学修士）。帰国後、カウンセラーとして活躍する一方、後進の指導にあたる。日本におけるアサーション・トレーニングの第一人者。立教大学カウンセラー、日本女子大学教授、跡見学園女子大学教授、東京福祉大学大学院教授を経て、現在、統合的心理療法研究所（IPI）所長。臨床心理士。家族心理士。認定カウンセラー。
主著に、『アサーション・トレーニング』（日本・精神技術研究所）、『自己カウンセリングとアサーションのすすめ』（金子書房）、『新版カウンセリングの話』『カウンセリングとは何か』（以上、朝日新聞出版）、『家族の心理』（サイエンス社）、『カウンセリング・スキルを学ぶ』（金剛出版）、『ほめ言葉ブック』（大和出版）、『図解 自分の気持ちをきちんと〈伝える〉技術』『子どものための 自分の気持ちが〈言える〉技術』（以上、PHP 研究所）などがある。

装幀／渡邊民人
挿画／中村久美
図版デザイン・本文イラスト／齋藤稔
本文デザイン／富永三紗子
編集協力／ことぶき社
校正／飯田全子

会話が続く、上手なコミュニケーションができる！
**図解 相手の気持ちをきちんと〈聞く〉技術**

2013年10月25日　第1版第1刷発行

著　者　平木典子
発行者　小林成彦
発行所　株式会社PHP研究所

東京本部　〒102-8331　千代田区一番町21
生活教養出版部 ☎03-3239-6227（編集）
普及一部 ☎03-3239-6233（販売）
京都本部　〒601-8411　京都市南区西九条北ノ内町11

PHP INTERFACE　http://www.php.co.jp/

組　版　SOL design
印刷所　図書印刷株式会社
製本所　図書印刷株式会社


ISBN978-4-569-81488-9